魂の配慮に出会う旅

スピリチュアル・ジャーニー　その後

坂野慧吉［著］

いのちのことば社

はじめに

一九九九年に『スピリチュアル・ジャーニー』（いのちのことば社）を出版し、信仰の師、信仰の友との交わりの中で経験したことを書かせていただいた。今回『スピリチュアル・ジャーニーその後』を書かせていただくようになった直接のきっかけは、ある神学生が『スピリチュアル・ジャーニー』を読みたいと私に話しかけてきたことであった。私の手元には一冊しかなく、ネットで調べたところ定価の数倍もしたので、彼の願いを叶えることができなかった。

このような中で私は、いのちのことば社の出版部に電話をし、話をしている中で「その後」を書いてみようという思いが与えられ、月刊誌「いのちのことば」に「真の人間性の回復のプロセス」をテーマに書かせていただくことになったのである。それは、二〇〇一年にスイスのラサでハンス・ビュルキ師の導きの中で持たれた英語のセミナーと日本人のためのセミナーで、主が私に経験させてくださったことが主な内容である。

セミナーの中でビュルキ師は、自分の心に残ったことを思いめぐらし、文章にして書くことを勧めてくださった。主の御前に静まって一日を思い返すことは、自分自身を見つめ直し、神との交わりを深める経験を与えてくれた。本書には、そのような中で私が感じたこと、思ったこと、みことばから語りかけられたことを書かせていただいた。

そしてまた、勧められるままに、幼い頃から今に至るまでの自分の人生について思い起こし、それを書き記し、振り返り、思いめぐらした。それはビュルキ師の言われる「自分の人生から学ぶ」経験だった。

さらに、この数年のコロナ禍の中で、集会を中断せざるを得なかった「高嶺会《たかねかい》」（浦和福音自由教会の高齢者を中心とした会）の要望に応えて書いたショートメッセージも加えさせていただいた。

私の人生の旅の中で、セミナーとコロナ禍の中での歩みは忘れられない大切な経験である。出版社と関係者の皆様のご労苦により、「その後」を出版できましたことを心より感謝いたします。

二〇二三年八月八日

坂野慧吉

目次

その一　旅の始まり

二〇〇一年六月。スイスのラサでの「ライフリビジョンセミナー」に参加した時、私はその最初の日に主の御前に祈りをささげた。その時、主はみことばの約束をくださった。「イスラエルの聖なる方、神である主は　こう言われた。『立ち返って落ち着いていれば、あなたがたは救われ、静かにして信頼すれば、あなたがたは力を得る。』」（イザヤ三〇・一五）

私は、主の約束を信じて、祈りをささげた。第一は、主の御前に静まり、主との交わりを深められること。第二は、今までの自分の歩みを振り返り、今後どのように主に仕えたらよいかを導いていただくこと。第三は、自分自身の心の暗闇に光を当てられ、自分の本当の姿を知らされ、癒やされて隣人との関係を深められることであった。

「神よ　私を探り　私の心を知ってください。私を調べ　私の思い煩いを知ってください。私のうちに　傷のついた道があるかないかを見て　私をとこしえの道に導いてください」という詩篇一三九篇二三、二四節の祈りが私の祈りとなった。

「主よ。私はようやくここに来ました。あなたは、ここで私を待っていてくださったのですね。私はあなたに頼らず、自分に頼って走り回って疲れてしまいました。あなたの御前に静まり、あなたの御顔を慕い求めます。」

でも、私はいったいどのような顔をしていたのだろうか。

奉仕三十年の疲れ

浦和福音自由教会の牧師として三十年間奉仕をして、疲れがたまっていた。その年一月に「突発性難聴」のため、二週間入院した。以前から教会の役員会から、休暇をとるように勧められていたが、先延ばしにしていた。

退院後、役員会の配慮で四か月の休暇をいただくことになった。スイスで六月にもたれるセミナーと、九月の後半に日本人向けにもたれるセミナーの間の二か月半を、どのように過ごすかを思案していた。私はイギリスの神学校でじっくり学んで、「牧会学」をまとめようと考えていたが、息子のひとりから「お父さん。勉強もいいけど、いろんなところに行って、いろんなことを見て、いろんな人と会ったほうがいいと思うよ」と言われ、納得してヨーロッパのさまざまな国々を訪問することにした。

主が計画された旅

スイスの最初のセミナーで学んで経験したことが、その後のさまざまな国々での旅の中でつながり、九月のセミナーに流れ込んでいく。主のご計画が驚くべき方法で実現していくことを経験させられた。この旅を音楽にたとえれば、いくつかの主題があって、それが時により、国によって、いくつかのバリエーションとして展開し、最後に主題が再び現れる、と表現できるかもしれない。

この旅の主題は、「キリストによる真の人間性の回復」と言える。この音楽の中で、「休止符」はことばと音楽を奏でるために、なくてはならないものなのだ。

私が参加した「ライフリビジョンセミナー」はハンス・ビュルキ師がリーダーであったが、聖霊の導きにより、みことばの朗読と黙想、そして分かち合い、さまざまなプラクティスを通して、「神との交わり」と「自分自身」とを見つめ直すセミナーであった。

セミナーの初めに、テーマのみことばが読まれたが、それは私がいただいたイザヤ書三〇章一五節のみことばであった。続いて先生は、「私たちは神の作品であって、良い行いをするためにキリスト・イエスにあって造られたのです」(エペソ二・一〇)から、私たちは「神の作品であり、神によって備えられた存在である」と語られた。

さらに「私たちは神の詩（ポエム）であり、神はその詩を書く詩人である」と表現された。神によって造られ、キリストによって贖われ、それぞれが独自の輝きを持つ「神の作品」であり、「神の詩」である。この「神の詩」は、「沈黙から生まれる」「この沈黙は愛で満ちている」「沈黙から喜びと歌とことばが出てくる」と説き明かされた。

私はさまざまな奉仕をし、忙しく動いているが、忙しさの中で自分を見失っていた。主イエスが弟子たちに、「さあ、あなたがただけで、寂しいところへ行って、しばらく休みなさい」と言われたように、私にも休息が必要だった。神が私を「休息」「沈黙」「神との交わり」へと招かれていると信じることができた。

その二　旅日誌を書くということ

ライフリビジョンセミナーが持たれた「ラサ」は、数十人ほどが暮らすイタリア寄りの山中にある小さな村であった。その村にハンス・ビュルキ師がさまざまな労苦を積み重ねて建てた「カーサフォンテ」（泉の家）と「カーサロッカ」（岩の家）があった。六月、カーサフォンテの建物の壁には、赤いバラの花が壁伝い一面に咲き誇っていた。

カーサフォンテの屋根裏部屋は窓がなく、そこは個人の祈りのために使うことができる部屋だった。最初の晩のセミナーは、その部屋で持たれた。ハンスは毎日経験したこと、学んだこと、心に残ったことを短い文章にして「書く」ことを勧めた。その日の夜、静かに一日を振り返って、自分の心に残ったことを思いめぐらす。そして、思いめぐらしたことが、「ことば」になっていくままに、それをことばとして、文章として「旅日誌」に書いていく。

今、私の手元には、二〇〇一年のセミナーの期間に書かれた旅日誌と、その後ヨーロッパ諸国を旅した時の旅日誌、そしてその年の九月のセミナーの時の旅日誌がある。「ジャーニー」

（旅）の中で経験したこと、思ったことを書き記すのが「ジャーナル」（旅日誌）なのである。

多くの人は、自分の人生を「旅」あるいは「航海」にたとえて考える。その日、その日にことばとして「旅日誌」「航海日誌」として書き記すことには、どんな意味があるのだろうか。ハンスが教えてくれたことをヒントとして、いくつか考えてみた。

第一は、「経験したこと」「学んだこと」を「ことば」として表現することによって、単なる出来事の記録ではなく、会話なり、教えの中で、「自分の心が何をどのように感じ、記憶したか」が明確になるということである。内なる思いを表現する助けとなる。

第二に、その日の出来事を書き記す中で、それぞれに起こった出来事がバラバラではなく、深いところでつながっていることに気づかせられるためである。私たちは、自分の人生から学ぶことができる。

第三には、一定の「旅の期間」が終わった時に、毎日記した「旅日誌」を俯瞰《ふかん》することによって、その旅の期間に何を経験したか、どのように思ったかを一つの（あるいは複数の）テーマとして捉えることができる。

第四には、自分が書いた「旅日誌」を数年後に読むことによって、当時の経験を生き生きと思い出すことができ、またその時には気がつかなかったことに気づく機会を与えてくれる。

「ことば」は生きている。ことばを通して、数年前、あるいは数十年前のことがリアルに再体験される。その「ことば」が自分の心の深みから生まれたものであれば、自分の心はことばと共鳴して、新しい感動を与えてくれる。

第五には、もしその「旅日誌」が他の人に読まれる機会があり、時と場所を超えて「共感」してもらえるならば、その人の「人生の旅の同伴者」になれるかもしれない。

ハンスはその晩、「美しく書くこと」そして「コンパクト」に書くことの大切さを静かに語った。「美しく書く」とは、ただ美辞麗句を記すことではない。聖霊によって、「神のことば」が自分の心に語られ、神のことばに共鳴して「自分の心のことば」が生み出され、表現されていく。このようなことばが「美しいことば」なのだと思う。「その美しいことば」が凝縮されてコンパクトなことばとして語られ、歌われるのが、詩篇であり、讃美歌の歌詞なのだ。

ダビデは詩篇一〇三篇一～二節で、「自分のたましい」に呼びかけて歌っている。

わがたましいよ　主をほめたたえよ。
私のうちにあるすべてのものよ
聖なる御名をほめたたえよ。

わがたましいよ　主をほめたたえよ。
主が良くしてくださったことを何一つ忘れるな。

ダビデは「詩人」であり、「竪琴の名手」であった。彼は自分の魂の記憶を呼び起こし、美しいことばとして「詩篇」として歌っている。おそらくこの詩には、美しい音楽が奏でられていたのだろう。ダビデは静かに、主が良くしてくださったことを感謝とともに思い起こし、喜びがわき上がり、それが賛美となってほとばしり出ている。この詩篇を歌うことによって、「主の良くしてくださったことを何一つ忘れない」ようにと、自分の魂に呼びかけている。

私たちも静かに主の恵みとあわれみを思い起こし、感謝の歌を主に向かって歌うことが、主が良くしてくださったことを「忘れない」ために大切なことである。自分の罪を思い出して自分を責めるのではなく、自分が主の恵みの福音によって、すべての罪を赦されたことを感謝しよう。

自分の罪や失敗、さまざまな試練を通して悩み苦しむ時にこそ、「旅日誌」をひもとき、主の恵みを思い起こし、主を仰ぎ見る。

その三　自分の人生から学ぶ

スイスのラサでの「ライフリビジョン（人生の見直し）」セミナーの中で、ハンス・ビュルキ師は、「自分自身の人生から学ぶ」ことを教えてくださった。そのためには、静かに自分の人生を思い起こし、それをノートに書き記し、書いたものをながめ、振り返り、思いめぐらすことが大切だと語られた。

特に人生の最初の七年間は、時間をかけて、じっくりと丁寧に、優しく、自分の心が記憶していることを書いた文章を味わい、その文章から、その時の光景や、自分がどのように感じたか、なぜその出来事を心が記憶しているのかを「自分の心の声」に耳を傾けながら思い起こす。

普段はその出来事なり、その時の感情を忘れたり、心の奥に押し込めたりしていることが多いので、ゆったりとした環境と心を見つめる時間が必要である。また、自分の人生について、またその中で起こった出来事や自分が行ったことについて、自分の先入観や、固定的な観念で意味付けをしていることについて、「新しい視点から見直す」ことが大事なのだと教えられた。またハンスは、人生を七年ごとに区切って思い起こすことを教えてくださった。

人生の最初の七年間の思い出と主のご計画（東京から札幌へ）

戦争と平和、時代背景、家族と親族、父と母との関係、友情、勉強、遊び、歌、音楽、学校の先生の影響、キリスト教との出会い、これらが「人生の目的」「自分が生きる意味」を考えることにつながっていく。

私は、一九四一年（昭和十六年）に東京の渋谷の日赤病院で生まれた。父は保吉、母はエンである。それは太平洋戦争が始まる約一か月前のことで、当時両親は目黒区に住んでいた。母の話では出産は大変だったようで、多量出血のために行った緊急輸血の傷跡を見せてくれたことがあった。その後、一家は「小石川区」（今の文京区に含まれる）に引っ越した。

私がおそらく二～三歳の頃だと思うが、自分で勝手に大塚のほうまで行ってしまい「迷子」になってしまった。自分では確かな記憶はないが、その時のことと思われる光景はうっすらと覚えている。母が後になって話してくれたところでは、母の手作りの「エプロン」に私の名前が縫い付けられていたので、無事に家に帰って来られたらしい。

また、当時は食料は配給制になっていて、配給のための札を持って行って交換することになっていたらしい。私は途中でその札を奪われてしまい、顎《あご》の下に傷を負わされて帰って来た。その傷跡は今も残っている。

もう一つの記憶は、近所の友だちと遊んでいた時のことである。年上の子が、東京都心のほうを指して、神田のほうが燃えていると言っていた。私もその方面を見て、赤く燃えているのに気がついた。

そして、私たちは父の実家のある北海道の追分に疎開した。その後間もなく戦争が終わり、私たちの家族は札幌に引っ越した。父は、サッポロビールでビールの研究をしていた。私たちの家は会社のすぐ前の社宅であった。札幌市北一条東四丁目。父は私を、創成川《そうせいがわ》のそばにあった「札幌教会」付属「明星幼稚園」に入れた。

父は少年時代から「イエス・キリスト」に憧れ、クリスチャン家庭の友人が持っていた「十字架」を欲しがり、自ら木の十字架を作っていたという。その当時、父はクリスチャンではなかったが、私を教会付属の幼稚園に入れたのは戦後のキリスト教ブームのためではなかったようである。

幼稚園の何かの集いの時に、私は歌を歌うことになっていたが、足の魚の目《うおのめ》の手術のために入院して断念した。その時の「ガラスの瓶のドロップス」という歌は今も覚えている。私はいつも歌を歌っている子どもであった。

また、近所の子どもたちといつも一緒に遊んでいた。ある日のこと、年上の子たちも含めて、遠くに行こうということになり、私はその後をついて行った。しかし、いつの間にかはぐれてしまい、迷子になった。創成川の交番にだれかが連れて行ってくれたのだと思う。しばらく泣かないでがまんをしていたが、父が私を捜しに来て、私をしっかりと抱きしめてくれた時に、私は声をあげて泣いた。迷子はこれで二回目であった。

私は、自分がどこから来て、今どこにいて、どうしたら「家」に帰ることができるのかを知らなかった。自分の魂も迷子になっていたのに気がついたのは、もっと後のことであった。そして「自分の父」である「神」のもとにイエス・キリストによって帰ったのは、二十一歳の時であった。

最初の七年間の思い出（札幌から追分へ）

その後、札幌で同居していた父の弟が病気になり、亡くなった。父は長男で、家を継ぐことをその弟と約束していたので、また追分の実家に帰った。実家には祖父と祖母、父の兄弟姉妹たちと私たちの家族、父のすぐ下の弟家族が同居していたので、十数人の大家族であった。

祖父は木炭業を営んでおり、父と次弟もそれを手伝っていたので大変であった。昔のことなので、祖父の権威があり、私や弟たちはしばしば厳しく叱られた。本来はやさしい祖父であったと思うが、大家族をまとめるのは大変であったのだと思う。でも、その時に厳しく叱られたことは、私の心に傷を与え、「男の子は泣いてはいけない」としつけられたので、感情を抑えて生活をしていたことは、後にまで私の生き方に影響を与えることになった。

このような中で、私は小学校に入学した。小学校は坂の上にあり、クラスの写真を見ると、多くの子どもたちは裸足であった。学校は楽しかったし、親友もできた。夏は、家の前の道路で中学生や上級生とともに野球をしたり、その当時流行っていたビー玉、けん玉、メンコなどで遊びに夢中になったりしていた。冬は大雪が降り、雪合戦やそりで坂の上から滑り降りていた。

裏の川の川岸に、おもちゃやお菓子などを売っていたお店があった。ある日のこと、お店からだまって物を盗んでしまったことがあった。どうしても欲しいのに買ってもらえなかったからだったと思う。しかし、母にそのことがばれてしまい、母といっしょにそのお店に行って品物を返し、謝ったことを覚えている。親から善悪の基準を教えられ、また間違ったことをした時には、心から謝ることも教えられた。貴重な体験だったと思う。

家の隣の人はクリスチャンだった（あるいは後にクリスチャンになった）ようだ。後に聞いたことであるが、札幌のホーリネス系の札幌新生教会の伊藤馨牧師が、戦前追分に来てさかんに伝道をし、その時に福音を聞いた人々が多くいた。その伝道者は戦争中投獄され、戦後北海道の各地を巡回してキリストの福音を伝えた。そして伝道旅行の最中に天に召されたとのことである。

今から十数年前、追分にあるウェスレアン・ホーリネスの教会が新会堂を献堂した記念の伝道集会に招かれてご奉仕をしたことがあった。その時、北海道の各地から追分出身のクリスチャンが集った。その中には、私が知っている人もその関係者も数人いた。また、私と私の両親や私の従妹（長年さまざまな地で牧師夫人として牧会した）なども、その伝道者の祈りと伝道に対する応えなのかもしれないと思う。また、追分小学校の一年上の女性が、後に浦和福音自由教会で洗礼を受けて教会員になったことも、神の不思議なご計画なのだと思う。

父と私のこと

小学校一年生の秋の運動会も忘れられない出来事であった。私が参加した競走では、コースの途中で、たくさん置いてあるカードの中から「み」「ん」「な」の三枚をとって、ゴールするというものであった。私も三枚をとってトップでゴールした。しかし、先生が私のカードが「み」「な」「な」であるのを見て、「失格」と判定した。私は「だれかが自分のカードをとりかえた」と声をあげて泣き叫んだ。

その時、叔父があわてて私を連れ戻しに来て、自分たちの席に連れて行ってくれた。私は泣きながら、「どうして、自分が一番恥ずかしくつらい思いをしている時に、父が来てくれなかったのか」と心の中で恨んでいた。

この出来事は、その後も私のつらい記憶となって心の中に残り続けた。それから六十年経ってから、その理由がわかった。父は二〇〇六年五月に九十一歳で召天した。その一、二年前のこと、私は川越の郊外に住んでいた父を訪問した。ちょうど母が不在で、父と二人で話す機会があった。ふと、運動会の時のことを聞いてみようと思い、「ぼくが一年生の時に、こんなことがあったよね」と話し始めた。

すると父は、「あの時は運動会に行きたかったのだけれども、おじいさんの命令で内地（本州）に出張に行っていたんだよ。お母さんも家の仕事があって、叔父さんが一家を代表して運動会に出席していたんだ」と話し始めた。

「ああ、そうだったんだ。」私の心の中の氷が解け始めた。もっと早く父と話してみたら良かったのではないかと思ったが、やはりそれだけの時間が必要だったのかもしれないと思う。子どもは、親との関係で起こった出来事を自分なりの解釈をして誤解していることがあると思う。そしてその誤解を抱えたまま、心を開けないことがあって、親子の関係が難しくなることが多いのかもしれない。

その四　静かな黙想への招き

話はライフリビジョンセミナーに戻る。始まって三日目の朝の食事。

そのセミナーでは、朝は沈黙の中で朝食をいただくことになっていた。先に席に着いた人から、着席して感謝の黙禱《もくとう》をささげ、部屋の机の上に用意されたパンとチーズ、ハムとデザートの果物を自分で持って来て食する。同じテーブルに座った人同士は、何か必要なものがあれば、沈黙のままで目か手で合図する。沈黙の中のコミュニケーション。

ある程度食事が進んだ時に、ハンスが静かに詩篇一〇三篇を朗読した。

わがたましいよ　主をほめたたえよ。
私のうちにあるすべてのものよ
聖なる御名をほめたたえよ。
わがたましいよ　主をほめたたえよ。

主が良くしてくださったことを何一つ忘れるな。（一〜三節）

朗読されたみことばが、たましいの深いところに沈んでゆく。

その日の午前中、カーサ・ロッカ（岩の家）の一階の広間で、静まりへの導きがなされた。最初の二十分間は沈黙の時。静かに息を吐き、深く息を吸う。心を鎮めようとするが、さまざまな思いが心と頭を駆けめぐり、心は静かにならなかった。しかし、少しずつ静まることができるようになり、沈黙の中で、私は主と会話をした。

最初に私は、主が私を待っていてくださったことを感謝した。主は「わたしの顔を慕い求めよ」と語られた。私は「あなたの御顔を慕い求めます」と答えた。しかし、主と私の間に、何か妨げるものがあると感じて、覚えていたみことばを心の中で思い起こして、自分のたましいに語りかけた。「わがたましいよ　なぜ　おまえはうなだれているのか。なぜ　私のうちで思い乱れているのか。神を待ち望め。私はなおも神をほめたたえる。私の救い　私の神を」（詩篇四二・一一）。

この「私の救い　私の神を」というみことばを心に覚えた時に、自分が主イエスのふところに抱かれているのを感じた。そして主イエスにあって、父なる神の御前に安息を得ているのを感じた。それと同時に、神が私の心を開いてくださって、この心の暗闇を見ることができるように祈った。

「静まり」の祈りを経験する中で、私の「祈り」は、ほとんど「お願い」になっているのではないか、と思わされた。ジェームズ・フーストンの祈りの本『神との友情』(いのちのことば社〔原題 *Prayer: Transforming Friendship*〕)の中で、彼はアレクサンドリアのクレメンスの「祈りとは、神との友情を育てることである」ということばに出会って、祈りが苦痛ではなくなったと書いている。祈りは、祈る者を造り変える「神との友情」なのだ。この本の中で、著者はさまざまな祈りについて記している。Oratio(ことばの祈り)、Meditatio(瞑想の祈り)、Contemplatio(観想の祈り)。私の祈りは、「ことばの祈り」であり、しかも自分の願い、自分の要求を神にぶつけているようなものだった。まるで、神様が私の願いを知らないかのように。もちろん、このように祈ることが間違いだとは思わない。でも、どれだけ神に感謝の祈りをささげているだろうか。神をほめたたえ、神の栄光をあらわしているだろうか。

そして、みことばを思いめぐらして、神の語りかけに心を傾けているだろうか。さらに「神の御顔」をじっと見つめ、ことばにならない思いをもって神との交わりを持っているだろうかと思わせられる。

マックス・ピカートは『人間とその顔』（みすず書房）の冒頭で、「人間の顔は、人々にというよりも、むしろ神に対して捧げられている。人間の顔はなによりも、先ず神への返答である。顔は造物主に対して答えるのだ。そして、この返答は沈黙のなかで行われるのである」と記している。

神は「さあ、人をわれわれのかたちとして、われわれの似姿に造ろう」と仰せられ、神は「神のかたちとして人を創造し、男と女に彼らを創造された」（創世記一・二六、二七）。神の意図は、人間が神との交わりを持ち、神の御顔を仰ぎ、他の被造物を管理することであった。しかし、人間は神のことばに背き、罪を犯し、「人とその妻は、神である主の御顔を避けて、園の木の間に身を隠した」のである（創世記三・八）。

しかし、神はこのような人間に対して、「あなたはどこにいるのか」と呼びかけられた。神から逃走する人間を神はあきらめることなく、ついに神の御子を人としてこの世に送られた。私たちは、この神の御子イエス・キリストの贖いによって、罪を赦され、再び神の御顔を仰ぎ、神の御前に生きる者とされたのである。

その五　さらに自分の人生から学ぶ

北海道から福島へ（小学生時代）

自分の人生を振り返ってみて、「第二の七年間」はその後の「人生のテーマ」がいろいろな形で姿を現した時期であった。

私が小学校二年生の時、父は福島市に新しく設立した「国華酒造」という日本酒を製造する会社に転職した。それで、私たち一家は福島市に移住した。

福島の米はとても美味しく、北海道から福島に引っ越して来た最初の夜、家族で福島駅前の旅館で食べた「白米」の味は七十年近く経った今も忘れられない。福島は、とても自然が豊かな地であった。四方を山で囲まれた「盆地」であり、夏は蒸し暑く、冬は吾妻山からの「吾妻おろし」が吹き付けてくる非常に寒い地であった。果物は豊富にあり、リンゴ、梨、桃、イチジク、ぶどう、あけび、栗、柿、イチゴ、さくらんぼなど数えきれないほどの種類があった。きれいな川が流れていて、釣りを楽しむこともできた。

小学校の時、私にとって忘れられない先生との出会いがあった。それは尾形常次という名の、大学を卒業したばかりの先生であった。当時の学校給食はコッペパンにリンゴジャム、時には玄米パン、そして「脱脂粉乳」というとても美味しいとはいえないミルクを飲んでいた。尾形先生は生徒が給食を食べている間、自分は食べないで『少年少女世界名作物語』を朗読してくれた。たとえば『レ・ミゼラブル』『三銃士』『巌窟王』『小公子』『小公女』などを朗読してくださり、時間が来ると続きは「明日」ということになる。「読み語り」を聞き続ける中で、私は「物語」の豊かさ、人生の不思議さを自然に学ぶことになった。また、ことばと文章を聞く中で、豊かな想像力を養われた。このことは、その後クリスチャンとなった時に、「聖書」の「物語性」を豊かに味わう土台となったと思う。

一番下の弟は、近くにあった「桜の聖母」修道院の付属幼稚園に入園した。そこで知り合ったIさんご一家とはよく行き来をしていた。私の家はクリスチャンではなかった。むしろ、父方の実家は禅宗の曹洞宗で、祖父の命日である八月十八日を記念して、毎月十八日には、父は一家そろって「修証義《しゅうしょうぎ》」というお経を唱えさせていた。私は今でもその一部を暗記している。

それにもかかわらず、クリスマスには「きよしこの夜」を家族で歌い、私はサンタクロースがプレゼントを「靴下」に入れてくれることを信じていた。Iさんの家のクリスマスには、母と一番下の弟だけが招かれて、デコレーションケーキをごちそうになった。母は自分ではそれを食べずに、私と二番目の弟のために持ち帰ってくれていた。

私が小学校の四年生くらいの時、母は私を無理やり「修道院の日曜学校」に行かせようとした。私は、遊びたい盛りであったし、日曜学校に行って「良い子」になることを強制されるのも嫌だったので、それを断ろうとした。しかし、母もあきらめずに、私を行かせようとした。最初私は、日曜学校に「行ったふり」をして、自分で勝手に聖書と関係ない話を作り上げ、家に帰って来てから母に「こんな話だった」と伝えた。母は、「それはすばらしい話だ。来週も行ってらっしゃい」というので、しかたなく「一年間だけ」という条件で日曜学校に行くことに同意した。その時にシスターから聞いた「イエス・キリストの十字架」の話は今も覚えている。クリスマスの劇は「良きサマリア人のたとえ」で、私は強盗に襲われた人の役を演じた。

その時には、聖書に興味もなく、意味も分からなかったけれども、主の大きなご計画の中で、聖書に接する機会が与えられたのだと思う。

小学校五年生の音楽の授業で、S先生が音楽について質問し、私が指名されて黒板に答えを書くため前に進んだ時、生徒の一人が通路に足を出して、私を転ばせた。そのために前に出て行くのが遅くなったので、S先生は私が反抗的だと誤解した。そして私を生徒たちの前に立たせて、往復ビンタを食らわせた。私は悔しく、恥ずかしかったが、泣かずに耐えた。家に帰っても、このことは母には言わなかったが、様子がおかしいので母は上手に聞き出した。そして担任の尾形先生に連絡し、その次の日に私と母と尾形先生とS先生の四人の話し合いがなされた。事実を知ったS先生は頭を下げて私に謝った。

今の時代とは比べられないほど、先生の権威が強かった時代である。私は、母は強いなと思った。でも、その時から、音楽は大嫌いになった。

小学校六年生の時に、大学の付属中学を受ける決心をして、担任の尾形先生に放課後の時間、受験勉強を指導していただいた。今の時代では考えられないことである。そのおかげで無事に希望の中学校に入学が許された。

中学のクラス担任の先生は二人いて、その一人は音楽の佐藤政夫先生、もう一人は社会科の山内兵衛先生であった。入学式の時に、中学生がオーケストラで、ビゼーの「アルルの女」組曲の「ファランドール」を演奏して新入生を迎えてくれた。一九五三年のことである。佐藤先生は音楽を興味深く教えてくれた。「音楽が大嫌い」になった私は、この先生の授業を通して再び「音楽が大好き」になった。同級生のS君は、バイオリンを専門にやっていて、後に東京藝術大学のバイオリン科に進み、プロの交響楽団に入団した。また、中学三年生になるまで卓球少年だったM君は、佐藤先生にその才能を見出されてコントラバスを弾くようになり、やはり東京藝大に行き、その後かなり有名な奏者となって、国外でも演奏活動をするようになった。

このような環境の中で、私はバイオリンに魅入られて、父に「バイオリンを買ってほしい」と頼んだが、「うちにはそんなお金はない」と言われて、その時は買ってもらえなかった。私は自分のお小遣いを貯めて、三年生の頃には五百円ほどになった。それを見て、父は私の努力を認めてお金を足してくれ、ようやくバイオリンを買ってもらった。近くにバイオリンを教えてくれる先生がいたので三か月ほど習ったが、母から「高校受験があるからやめなさい」と言われて、やむなくバイオリンを弾くことを諦めた。このことは私の人生での後悔となった。親をうらむのではなく、自分の心の願いを大切にしなかったからだ。

佐藤先生は、私たちが三年生になった時に、授業で滝廉太郎の「花」という曲を教えてくれた。その時、先生は「きみたちはこれからの人生でさまざまなことを経験するだろう。その時にこの歌を歌うと、今歌うのとは違った思いで歌うようになると思う。その時のために、低音部も教えておく」と言って教えてくれた。それから約五十年以上経った時、福島駅の近くのホテルで、「同期会」が開かれた。佐藤先生はその直前にご病気で入院して参加することができなかった。同期会の世話役がいきなり、「佐藤政夫先生が教えてくれた『花』を歌おう」と言って、練習なしに十数人が前に出て歌った。なんと見事に二重唱で歌い、ピタッと合った。同期会の帰りに同級生と一緒に先生が入居していた施設に行って、先生に歌の報告をした。先生は満足そうにうなずいて「ぼくは、きみたちに『音楽こそは教育の基本だ』と信じて教えたんだ」と言われ、戦後、学校にピアノ一台もないところから、どのようにして音楽教育をしてきたかを話してくれた。

中学時代の思い出は多くある。部活はバスケットボールで、毎日のように練習に明け暮れていた。かなり厳しい訓練だったが、そのおかげで体力がついた。またチームワークの大切さを教えられ、その訓練も受けた。私は背の高いほうではなかったので、どちらかというとシュートをする人にボールを回す役割だった。今でも、自分がトップリーダーよりもサブリーダーに向いていると思っている。

同じクラスの仲間で互いに「人生論」を語り合い、「人は何のために生きるのか」ということを論じ合った。今でも当時の友人たちと、年に一度は食事して語り合っている。

この中学時代に「自分は将来何をする人になりたいか」「どんな職業に就くのか」というこ

とをいろいろ考えた。将来父のように、化学の研究者になりたいと思ったこともあり、福島県出身の医学者・野口英世に憧れて、医師になろうかとも考えた。また、プロの音楽家は無理としても、音楽を教える先生になりたいと真剣に考えたこともあった。学校ではすばらしい教師たちに教育を受けてきたので、科目は何であれ、学校の教師としての道も選択肢のひとつであった。また、勉強は嫌いではなかったので、自分の専門を研究し、大学の教師になることも考えた。

その後、私は大学生の時にクリスチャンになり、神様の導きで牧師になったが、振り返ってみると、さまざまな迷いや試行錯誤を繰り返してきたことがわかる。しかし、そのような中で学んだこと、人と出会ったこと、経験したことは何一つとして無駄なことはなく、一つ一つのことに意味があったのだ、と言うことができる。

神のなさることは、すべて時にかなって美しい。神はまた、人の心に永遠を与えられた。しかし人は、神が行うみわざの始まりから終わりまでを見極めることができない。
（伝道者三・一一）

その六　夢を通して、自分の心を知る

二〇〇一年のスイスでのライフリビジョンセミナーの時に夢を見た。

私は、重い旅行ケースを右手に持ち、転がしながら自分の目的地に向かっていた。すると突然光景が変わって、牢獄の場面になった。その牢獄は暗くはなく、むしろ明るい感じがした。そして、厚い壁によって仕切られているのではなく、動物園の檻のように、自分の隣の部屋も見ることができた。私は左の牢獄の部屋に入れられていたが、右の部屋には一人の男性が入れられていて、その人物は、牢獄の監守に向かって叫んでいた。「私の荷物と聖書を返してくれ」と。私は「この隣に収監されている人はクリスチャンなのだ」と心の中で思っていた。そして看守の顔を見ると、それは私の母であった。

聖書には、夢を通して神のみこころを示された人々のことが記されている。しかし、現代において私たちが見る夢は、無意識に心の底に押し込めてしまっていることが「夢」として現れ

ることが多いのではないかと思う。

セミナーの中で、ハンスが「夢」をどのように理解するかを教えてくれた。第一には「夢の中の登場人物も、その中の出来事もすべて自分自身である」ということであった。第二に夢の「中心」は何かということに注目すべきこと、第三はその中に出てくる「人」や「物」に目をとめ、それが「自分である」ことを認めること、第四にその夢全体の「雰囲気」を感じること、第五に自分がその夢を見て、どのような「感情」を持ったかに気づくことである。

この夢をスイスで見てから二十年ほどの年月が過ぎているが、今もよく覚えているのは、この夢をハンスに聞いてもらったからだと思う。彼が寝泊まりしていたのは、小さな家（小屋）であった。その夜は悪天候で、激しい雨が降っていた。私は約束した時間にハンスの小屋を訪ねた。しばらく時間が経った時、雷がどこか近くに落ちたのだろうか、停電してしまった。ハンスはロウソクを取り出し、皿の上に置き、それに火を灯した。外は荒れていたが、部屋の中は、明るく、静かな平安に包まれていた。

ハンスは、私が語る「夢」を静かに聞いて、その後いくつかの質問をした。私はそれに答えながら、自分で自分が見た夢の意味を静かに考えた。彼が夢を解釈したのではなく、私自身が自分の心に光を当てられたのであった。

夢の中心は、「牢獄」であった。私は「囚われて」いた。私の隣の牢に入れられていた人は、「自分が大切にしていた聖書と自分の荷物を返してほしい」と牢獄の看守に頼んでいた。私は心の一部ではイエス・キリストを信じ受け入れていた。しかし、自分のすべてでイエスを愛し、イエスにすべてを明け渡してはいなかった。使徒パウロがローマ人への手紙で書いているように、自分の内側が分裂していた。「私は、したいと願う善を行わないで、したくない悪を行っています」（ローマ七・一九）。牢獄の監守は、囚人が逃げ出さないように見張っていた。その看守は母であった。これは、母が私を捕らえていたということではなく、私が母の期待に応えようとして、囚われていたということなのだ。自分を生んでくれた母と父を喜ばせたいと、いつも思っていた。そのために勉強もし、反抗もしなかった。

でもこの牢獄の夢で一つだけ希望が持てたのは、その牢獄が「明るかった」ことである。この囚われからいつか解放される希望があるのだと感じた。

セミナーの中で、ハンスは「父と母から離れる儀式」について教えてくれた。私はA４の紙に、父から離れるために、自分の人生の中で経験した父との関係について、「感謝すること」と「赦すこと」を書いた。「感謝」と「赦し」は同数にするように教えられた。父に感謝することは多く思い出された。小さい時に木で車を作ってくれたこと、迷子になった私を捜してくれたこと、中学生になった時、立派な『英和辞典』や『世界音楽物語』を買ってくれたこと。「赦す」ことについては、なかなか思い出せなかったが、やはり「運動会事件」のこと、やっていないのに怒られたこと。母に対する「感謝」と「赦し」も書いた。戦争中にもかかわらず自分を犠牲にして私たちを育ててくれたこと、また、仕事をして私たちが欲しい物を買ってくれたこと。美味しいご飯を毎日作ってくれたこと、赦しについては、私に過度の期待をしたこと、などであった。

この父と母に対する「感謝」と「赦し」を書いて読み、道で拾った石を選んで「記念の石」として、神に祈りをささげた。そしてスイスから両親に感謝の手紙を書いて送った。このようにして、「父と母から離れる儀式」をした。その後、父と母への感謝が増し、「うらみ」はなくなった。

その七　キリスト教との出会い

高校・予備校・大学生時代

楽しい中学時代を終え、高校生活が始まった。高校は大学受験一色で、楽しい思い出は少ない。部活は男声合唱部に入り、年に一度行われる「全国合唱コンクール」のために猛練習をした。三年生の時に、全国大会で三位となった。

大学受験は、「人生の意味」を知りたいと考えて、国立大学の哲学科を受けたが不合格であった。高校卒業とともに父の仕事の関係で、私たち家族は埼玉県川越市に引っ越した。私は同じ高校を卒業したM君とA君とともに、東京の市ヶ谷にある予備校に通った。朝は五時ごろに起きて、電車に乗って予備校に行き、いつも教室の一番前に陣取って、受験勉強に明け暮れた。予備校の教師たちは教え方が上手で、情熱を持って授業を進めていたので、私は予備校で「勉強の仕方」を習ったのだと思っている。

次の年の受験では、M君もA君も第一志望の東京大学に合格したが、私はある科目を失敗し、不合格になって第二志望の大学に入学した。その大学でも楽しいことはあったが、自分の中で納得できないものがあることに気づいて、翌年もう一度チャレンジして、一か月半、朝も昼も夜も猛勉強し、東大に合格することができた。父も母も喜んでくれた。

私は大学の「コールアカデミー」という男声合唱団に入った。この合唱団では、前田幸市郎先生（山形大学でも教鞭をとっておられた）が指導してくださり、ボイストレーナーもいて、発声の基本から訓練してもらった。このことは、牧師として賛美をし、説教をするために大変役に立っている。神様は私がクリスチャンになる前から、一つ一つのことを導いてくださっていたのだ。前田先生は教会音楽を指導された。その当時、先生はクリスチャンではなかったが、晩年カトリック教会で洗礼を受けられた。当時の仲間とは今も、年に一度会って歌っている。

私の人生の目的が、自分の希望の大学に合格することだったので、合格したら人生の目標を見失ってしまった。心は空しかった。「何のために勉強するのか」「良い成績をとって大学院に行くため」「大学教授となって研究し、学生たちに教えるため」「周囲から評価されるため」「結婚して、子どもを生んで、育てて……でもやがて死んでゆく」。「何のために生きているのか」「自分は何者か」――中学生の頃から問い続けてきたことが、再び心に浮かんできた。

大学二年生の時のドイツ語の教授は、無教会の集会を自分で開いていたK先生だった。授業でマルティン・ルターの『キリスト者の自由』をドイツ語で読むことになった。「キリスト教の信仰」について、先生独自の人生観を語られた。学生たちは、先生に対してキリスト教批判をし、先生が弁明するという、白熱したクラスだった。私は、本屋で『口語訳聖書』を購入して、ドイツ語聖書の「訳本」として使用していた。そのような中で聖書を通して自分の人生について、考えるようになった。

三年生になった時、弟が私を伝道集会に誘った。ちょうど期末試験後だったので集会に参加した。説教者は土屋一臣先生で、聖書からわかりやすくメッセージを語ってくださった。最初の夜の証しは、hi-b.a. のスタッフをしていた高橋敏夫先生だった。先生はその後、春日部福音自由教会の牧師となられた。伝道集会の最後に、川越聖書センターの礼拝の案内がなされたので、翌日さっそく礼拝に行った。その時の説教者も土屋先生であった。礼拝は午後から持たれていた。礼拝後、東京工大の学生であったS君と私が先生にさまざまな質問をし、夕方まで語り合った。夕方になり土屋先生が、別れ際に「きみたちは近いうちに、クリスチャンになると思うよ」と言われた。S君はその夜、自分の家でキリストを信じる決心をした。

翌日、私はS教授の「トーマス・マンについて」の講義に出席していたが、頭の中では前日に聞いたイエス・キリストのことを考えていた。ふと、心に一つの想いが起こされた。「お前はこれからどのように、何を信じて生きようとしているのか。」自分自身に答えた。「私はイエス・キリストを信じよう。そしてこの方に人生をゆだねて、この方に従っていこう。」そして教室で神に祈った。「私はあなたを信じ、イエス・キリストについて行きます。」すると、その時まで経験したことのない「平安」が拡がっていた。

私は祈禱会に行き、イエス・キリストへの祈りをささげた。宣教師のディロン先生が来られて、私が信仰を告白したことを喜んでくださり、一九六五年一月十日に洗礼を受けることができた。

私はその後、予備校でともに学んだA君が卒業後に急病で亡くなったことを知った。一流企業に就職する直前の出来事であった。

その八　献身・反対していた両親の救い

大学三年生の時に、イエス・キリストを信じ、洗礼の恵みにあずかったが、今振り返ってみると、聖書のことがよくわかっていなかったと思う。

一九六四年十一月、埼玉県の狭山湖畔の施設でリトリートが開かれた。説教者であったファーター先生が近づいて来て、いきなり「きみは牧師にならないか」と話しかけてきた。私は即座に「私には自分の計画があり、牧師になるつもりはありません」と答えた。三十年後、ドイツでファーター先生にお会いした時、「私に牧師にならないか、と言ったのを覚えていますか」と尋ねると、「覚えていない」と答えられた。でも、主は先生を用いて私に語りかけられたのだと信じている。

大学四年生になり、卒業後の進路について考え、祈り始めた。その当時、私には二つの選択肢があった。一つは大学院に進み、研究者としての道を進むこと。もう一つは神学校に行くことであった。祈りつつ主のみこころを求めて、聖書を通読していた時、使徒の働き二六章一六節のみことばが私の心に語りかけてきた。「起き上がって自分の足で立ちなさい。わたしがあなたに現れたのは、あなたがわたしを見たことや、わたしがあなたに示そうとしていることについて、あなたを奉仕者、また証人に任命するためである。」

主が私に語りかけられたと信じて、従うことにした。しかし、同じ大学の祈りの友であった稲葉裕兄やKGKの主事に相談したところ「きみはまだクリスチャンになって間もないので、もっと慎重に祈ったほうがいい」と言われた。しかし、主のみことばに従うことが最善であると信じて決断した。このことを聞いた両親は反対し、「大学まで行かせてやったのに、牧師になるなんて自分勝手だ」と怒った。でも、私は主が示された道を歩むことが、今は反対している両親が救われる道だと信じて神学校に入学した。

聖書神学舎（後の聖書宣教会）は、杉並区の浜田山にあった。毎朝六時から早天祈禱会があり、朝の授業の前に掃除があり、そして授業の中間にチャペルがあった。二階の居室は二人部屋と四人部屋がいくつかあった。授業とともに、部屋の交わりを通して、教えられ訓練を受けた。

入学後のオリエンテーションの時、舎監の舟喜信先生から心構えを教えていただいた。第一は「Teachable」つまり教えられやすい人になれ、ということであった。第二は「セカンドマイル・スピリット」である。主イエスが山上の説教の中で「あなたに一ミリオン行くように強いる者がいれば、一緒に二ミリオン行きなさい」（マタイ五・四一）と語られたことを大事にしなさいということであった。最初の一ミリオンはローマ兵がイスラエル人に命じて重い荷物を運ばせる、しかし二ミリオン目からは、「自分の自由意思で」命令した人とともに荷を担って歩むのだ。主に献身した者として、そのようなスピリットを大切にするようにと教えられた。今でも心に残っている大切な教えだ。

授業はギリシャ語、ヘブル語、旧約概論、新約概論、組織神学など多岐にわたっていた。舟喜順一、羽鳥明などの諸先生方が教えてくださった。時には徹夜して宿題を終えることもあったほど、とても厳しい学びであった。その当時は川越の母教会は経済的に余裕がなかったので、反対していた父が学費の一部を出してくれ、また私もアルバイトをしたり、海外のクリスチャンたちの奨学金をいただいたりしてしのいでいた。ある時、授業料を払えなくなり、また教会への献金もできない状況に陥った。私は「神様。私は献金したいのです。でもそのためのお金がないのです」と祈った。数日後、私に匿名の手紙が届き、それを開いてみると、献金が入っていた。

神学校入学後の五月のことであった。突然母からの電話が入った。中学から高校、予備校、大学まで同じ学校に通い、一流企業の研究所に抜擢されて働いていたM君が自分のいのちを絶った、という知らせであった。次の日曜日、私は初めて教会の礼拝を休み、葬儀に参列するために福島に向かった。彼の死の理由は分からない。学生時代、私は彼に福音を伝えたが、「教養としては受け入れるが、信仰は持たない」と言っていた。

「M君は人生の勝利者で、慧吉は敗北者だ」と言って、どんなに誘っても礼拝に来ようとしなかった父が、私がM君の葬儀のために福島に行っていた日曜日に、自分の意思で礼拝に出席した。そして、その次の週の礼拝の時に神を信じた。その後、母も信じ、二人そろって洗礼を受ける恵みにあずかった。

「主イエスを信じなさい。そうすれば、あなたもあなたの家族も救われます。」

（使徒一六・三一）

その九　旅の出会いから学ぶ

イタリア——カタコンベを訪ねて

二〇〇一年、スイスのラサでのセミナーを終えて、私は電車でイタリアに向かった。行ったことがない地をひとりで旅をするのはかなりの緊張を伴う。電車からスイスの山々を見ながら南下する。ミラノに着き、苦労しながらホテルを見つけ、チェックインをした後、部屋で一息ついた。ブレラ美術館でさまざまな絵画を見て、日曜日にはカトリック教会の礼拝に参加した。ミラノにはその当時、日本語教会はなかった。その後、フランスのリヨンで開かれた「ヨーロッパ日本人キリスト者の集い」の中で、韓国のクリスチャンが「ミラノに日本人伝道が始まりますように」という祈りの課題をあげていた。後に祈りが主によって聞かれて、ミラノでの日本語による伝道のために、内村伸之・まり子先生ご夫妻が招かれることになった。

私はミラノを後にして、ヴェネツィアを経由してローマに向かった。私がどうしてもイタリアに行きたいと思ったのは、ローマ郊外にある地下墓地（カタコンベ）を見たかったからである。ローマ・テルミニ駅から近いホテルに泊まり、翌日地下鉄とバスを乗り継いで、ようやく、サン・カリストのカタコンべに着いた。入り口から下に降りると、そこには小さい子どもの墓も含めて、多くの墓が見えた。また、地下で礼拝をしていたと思われる場所もあった。今から千数百年も前に、ローマ帝国の迫害を受けて、地下に逃れ、このようなところで、信仰を守り続けたクリスチャンたちの生活を想像した。

私たちは「コロナ禍」で礼拝が自由に持てない試練を経験したが、初期のキリスト教会の試練はその数倍も大変な迫害の中で、礼拝を守り通した人々のことを思うと、自分たちは恵まれていることを感じる。

その後、アッピア街道を通ってローマに向かった。途中でドミネ・クォ・ヴァディス教会という小さな教会の中に入ってみた。礼拝堂の前面に、使徒ペテロがイエス・キリストに「クォ・ヴァディス、ドミネ」（主よ。どこに行かれるのですか）と尋ねるシーンの絵が壁に描かれていた。迫害を逃れ、ローマから出ようとするペテロがイエスと出会う場面である。主イエスは、「あなたがわたしの民を見捨てるならば、わたしはローマに行き、もう一度十字架にかかる」と答えた。ペテロはそれを聞いて、悔い改めてローマに帰り、やがて殉教の死を遂げるというストーリーである。礼拝堂の前方には、「逆さまに十字架につけられたペテロ」が描かれていた。

その後、私はローマ市内に戻り、バチカンのサン・ピエトロ寺院を見学した。とても大きな豪華な教会であった。翌日は、サン・ピエトロ・イン・ヴィンコリ教会を見学した。この教会の正面の祭壇の下には、ペテロが牢獄に入れられた時につながれていた鎖がガラス箱に入れられていた。この教会の中には、ミケランジェロが制作した「モーセ像」が置かれていた。

ローマで数日を過ごし、次の目的地であるイギリスに向かうため、電車でレオナルド・ダ・ヴィンチ国際空港に向かった。かなり時間の余裕を見ていたので早めに空港に到着し、ゲートに向かった。ところが電光掲示板を見ると、私が乗る予定の便が「キャンセル」になっていた。どうしたらいいか途方に暮れた。近くにアジア人と思われる若い女性たちがいたので、「困りましたね。どうしましょうか」と英語で声をかけ、いろいろと話した。

彼女たちはフィリピン人の姉妹で、それぞれフィリピン、イギリス、イタリアで生活していた。久しぶりに三人姉妹が一緒にシチリアに旅行し、このあとイギリスに行く予定だと言う。私も、イタリアのカタコンベを見るために来たこと、日本では牧師をしていることなどを話した。そのうちに掲示板は、「キャンセル」から「遅延」に変わったので、しばらく待ってみようということになった。その三姉妹の長女は、Mercyという名前で、少し離れたところで小さな本を読んでいた。私は近づいて、「何を読んでいるの？」と聞くと、それは聖書通読のためのテキストで、「Called and Gifted to Serve」（仕えるために召命を受け、賜物を与えられた）という題の本であった。少し中身を見せてもらったが、聖書的でいろいろと考えさせられる内容であった。その後、飛行機は出発し、かなり遅れたが私たちは無事にロンドンに着いた。

私はこれから始まる旅の中で、神から自分に与えられた「召命」とは何か、またその召命を果たすために与えられた「賜物」は何かを、祈りつつ考える時が与えられたと思った。

「神の賜物と召命は、取り消されることがないからです。」（ローマ一一・二九）

ルーマニアへの招き

二〇〇一年の春、ヨーロッパの諸国を旅する計画を立てている時、ふと一つのことが心に浮かんだ。その数年前に、浦和福音自由教会の集会にルーマニア人が来ていた。その人はクリステスクさんという五十歳前後の男性で、ルーマニアのブカレストからさらに北にあるプロイエシュティという町の人であった。熱心なクリスチャンで、ルーマニア語の聖書を印刷したいという希望を持って、新生運動で訓練を受けるために、日本に来ていた。しかし、仲介してくれていたルーマニア人が問題のある人で、結局短い期間で帰国せざるを得なかった。本人はルーマニア語とドイツ語しか話せないので、私は数十年前に大学で習ったドイツ語を思い出しながら会話したことを覚えている。

彼は帰国したあと、何回も英語で手紙をくれた。ご自分の子どもに翻訳してもらったのだと思う。その手紙の中で「ルーマニアに来て説教してくれ」と何回も頼んできた。しかし、私はルーマニアにわざわざ行く気になれず、返事をしなかった。ヨーロッパ諸国の旅行を考えた時に、「そう言えば、ルーマニアもヨーロッパだな」と考えたが、手紙も処分してしまったし、連絡先もわからず、あきらめていた。しかし、その翌日のこと、教会にクリステスクさんからのファックスが届いたのだ。さすがの私も「ルーマニアに行くことを神が望んでおられる」と信じざるを得なかった。ルーマニアで再会した時、彼は「これが最後のリクエストだと祈ってファックスを送った」と分かち合ってくれた。私は、彼の信仰と祈りに神が応えられたことを知り、自分の愚かさを示された。

ルーマニアのクリステスクさんの家には十日ほど泊めていただいた。クリステスクさんの車はかなり古く、故障しがちであったが、その車でプロイェシュティの教会、ブカレストの教会だけではなく、田舎の教会もいくつか訪問して英語で説教し、それをルーマニア語に通訳していただいた。教会には、いわゆる「牧師」はおらず、訓練を受けた信徒長老、役員が交代で説教をし、洗礼と聖餐も司式していた。大きな教会は、二百人から三百人以上の人が集っていた。その後は牧師の必要性も感じて、聖書学校で牧師の訓練をするようになったことを知った。

クリステスクさんとともに、クルージュ・ナポカの川井先生を訪問し、その帰りに賛美歌作者のモルデベヌウ氏を訪ねた。彼は「聖書の詩篇にメロディーを作曲した」ということで、当時のルーマニアで権力を握っていたチャウシェスクによって投獄され、大変な迫害に遭った。モルデベヌウ氏は、神を賛美する歌詞と曲を数多く獄中で作曲した。しかし、紙もペンも与えられなかったので、自分の心と頭の中に記憶した。ある時、看守が彼をコンクリートの床にうつぶせに寝かせ、その後頭部を靴で踏みつけた時に、自らの口から賛美があふれたという証しをしてくださった。その時の賛美を、私たちの前で歌ってくれた。

リチャード・ウォムブラント牧師（『地下運動の声』の著者）も同時期に投獄されていた。実は以前、ウォムブラント夫妻がわが家に泊まり、浦和福音自由教会の礼拝で説教してくださったことがあった。彼は立って説教することができず、椅子に座って説教してくださった。その中で、牢獄の中でみことばの説教を「神に向かって」した、と話しておられた。聖書も紙も与えられていなかったので、自分が記憶していた聖書箇所から語り、その時の説教はすべて覚えているということであった。

ルーマニアのキリスト教の主流は、「ルーマニア正教」であるが、このグループはほとんど権力に追従していたようである。

プロイェシュティの教会は、郊外にキャンプ場を持っていて、私が滞在していた時に、「青少年キャンプ」が行われていた。私もそれに参加し、説教させていただいた。青少年たちは信仰が生き生きとしていて、みことばに対して心を開いていた。驚いたことに、キャンプの中で「ピリピ人への手紙」の全体を暗唱するという課題があり、みな一生懸命に励んでいた。

ヨーロッパのさまざまな国々の教会に接する機会が与えられたが、概して西ヨーロッパのキリスト教会の国教会は形骸化している印象があり、「自由教会」が生き生きとしていた。また東ヨーロッパの国々の福音的な教会のほうが、さまざまな迫害を受けてきたために、その試練を通して訓練を受け、信仰が生き生きとしているように感じた。

はたして日本の教会はどうだろうか。自分の信仰はこれでいいのか。伝道のスピリットが失われているのではないか、と心を探られる機会であった。

ノルウェーの森の牧会研修所

私はルーマニアからトルコへ、そしてウィーン、プラハ、さらにフランスのリヨンへと旅を続けた。そして、ノルウェーのオスロ空港に到着した。ノルウェーに行こうとしたのは、そこにある「牧会研修所」を見学し、できれば牧会研修セミナーに参加したいと願ったからである。オスロから電車で最寄駅まで行き、そこからかなりの時間バスに乗り、終点から目的地である「モードゥム・バード」という施設へ歩いていた。すると後ろから車が来て、「モードゥム・バードまで送ってあげる」というのである。感謝して乗せてもらった。

モードゥム・バードは、ノルウェーの森の中にあった。この施設の一番奥に、「牧会研修所」があった。残念ながら、私が滞在した期間にはセミナーは開かれていなかったが、そこの所長（日本に宣教師として来たことがある方）が、「研修所に泊まって、どの施設でも訪問し、それぞれのスタッフに何でも聞いてよい」と許可してくださったので、自由にさせてもらった。その研修所に滞在している時に、デンマークの国教会の牧師が休暇で来ていたので、さまざまな話をした。北欧では、牧師が一定期間休暇を取り、研修する制度があるということであった。

おそらく何万坪もあると思われる広大な森の中に、十九世紀風のとても素敵な家が数軒建てられていた。さまざまな町のメンタルケアの施設で治療が難しいケースを、モードゥム・バードで引き受けていた。問題行動を起こした人だけではなく、その家族も迎えて、三か月ほど施設内にいる専門家に家族で相談し、その間に専門家たちは治療方針を立て、そしてどの専門家が中心になって治療を行うかを決めるとのことであった。

そこにはメンタルケアを行う病院があり、また個人カウンセリングセンター、ファミリーカウンセリングセンターもあった。そしてきれいなチャペルもあって、そこのチャプレンにも話をお聞きすることができた。その牧師は、チャペルで人々の相談にのることで、神の臨在を来談者に経験していただき、不思議な神の働きによって解決が与えられる機会となると話してくださった。

牧会研修所では朝食は用意されていたが、それ以外の食事は病院の食堂まで行く必要があった。ある日、私が食事を注文していると、あるノルウェー人の男性が、「こちらに来て、一緒に食事をしないか」と誘ってくれた。「日本人がなぜ、この施設に来ているのか」と聞いてきた。話す中でその人は牧師の息子で、今教会から離れているということもわかった。食事が終わると「あなたは時間があるか」と聞かれたので「ある」と答えると、彼は近所のいろいろな所に案内すると申し出てくれた。

まず行ったのは、山のスキージャンプ台であった。上のほうから見ると恐ろしいほど落差のあるジャンプ台だった。ここで最長不倒記録を持っているのは日本人だ、と説明してくれた。そこから自動車に乗って彼の家に向かった。途中、小さな教会があったので寄ってみることになった。その教会に入ると、一人の年配の女性が祈っていた。私たちが近寄ると、彼女はその教会を案内してくれた。数百年前に建てられたという礼拝堂の前面には、絵が掲げられていた。それはレオナルド・ダ・ヴィンチの「最後の晩餐」をノルウェー人が模倣して描いたものだった。

女性は絵を指しながら、「ここにナイフを持った手があります。私は祈りながら、これは誰の手か考えていたのです。キリストを殺そうとしている手は、どの弟子の手なのだろうか。それとも、それは私自身の手なのか、神様の手なのだろうか。」私は今まで最後の晩餐の絵に、そのような「手」があると気づいていなかった。日本に帰って「最後の晩餐」の複製画を見ると確かにその「手」があった。「キリストを殺した手は私の手かもしれない」と考えていた、その女性のことばが私の心に残った。

自宅に招いてくれた男性は、紅茶とケーキをごちそうしてくれた。少し前に妻の誕生日を祝ったのだと語った。彼の妻は、あのメンタルケアの病院で働いているとのことであった。私は、さまざまな専門家が協力して、病める人、病める家族を治療し、相談にのれるような施設が日本にあったらどんなにいいだろうかと思った。しかも三か月も滞在し、家族ごとに相談を受けて、治療費はすべて国家の費用で賄《まかな》うということであった。

真の人間性の回復は、からだと精神と霊とすべての面での「癒やし」が必要なのだと思った。

「すべて疲れた人、重荷を負っている人はわたしのもとに来なさい。わたしがあなたがたを休ませてあげます。」（マタイ一一・二八）

森と湖の国フィンランド

フィンランドに行くきっかけになったのは、フィンランドから埼玉大学に留学していたマルックさんという人との出会いであった。彼はフィンランドのヨエンスーという町の大学の教師であった。時々、浦和福音自由教会に来ていた。帰国する時に、「ぜひ一度フィンランドに来てほしい」と言っていたのを思い出して、今回の旅行のスケジュールに入れた。

ノルウェーからフィンランドまでは、飛行機で「あっという間」に着いた。その日の夕方、マルックさんは、「山に登ってみよう」と誘ってくれた。しかし、それは山ではなく「丘」であった。その丘からロシアの大地が見渡せた。国境と思われるところには何もなく、平坦な丘が続いていた。共産主義時代の「ソ連」に隣接していながら、フィンランドは賢明な外交をして、国の独立を保っていた。サンクトペテルブルク（レニングラード）から何時間もかからずに行ける距離であった。

数日後、私はヨエンスーからイーサルミまでバスで移動した。おそらく十時間ほど乗っていたのではないかと思う。なぜ、イーサルミに行くことになったか。

じつは、友人の太田和功一さんに「今度ヨーロッパ旅行でフィンランドに行くことになった」と話した時、「フィンランドにはマイリス・ヤナツイネンという女性がいる。彼女は日本で宣教師として働いていた時、ＫＧＫ（キリスト者学生会）の協力スタッフとして働いていた」と教えてくれた。その後フランスのリヨンで行われた「ヨーロッパ日本語キリスト者の集い」で不思議な導きで彼女と出会った。彼女は早速フィンランドのマルックさんと連絡を取り、「坂野さんのフィンランド滞在の半分を自分にまかせてくれ」と交渉したとのことであった。すごい行動力だと驚いた。彼女の実家がイーサルミにあった。

さて、バスでイーサルミに着くと、マイリスさんが待っていて、彼女の妹のカイヤさん夫妻が牧会している国教会に案内された。カイヤさん夫妻とは英語で会話をした。後に、マイリスさんが「坂野さんのお陰で、カイヤさんは英語に目覚めて、その後博士号をとるほど勉強した」ということであった。

その後、カイヤさんのご主人（牧師）の車で、イーサルミの郊外のマイリスさんの実家に移動した。お父さんはもともとカレリヤ地方に住んでいたが、その地方はロシアに占領されて、多くの人々はフィンランドに逃げて来た、ということであった。お父さんもそのうちの一人であった。私が、お父さんに「最初、お嬢さんのマイリスさんを宣教師として日本に送る時はどのようなお気持ちでしたか？」とお聞きすると、「娘は、二度とフィンランドには帰っては来られないと思って送り出した」と言っていた。宣教師を送り出す家族の犠牲の大きさを思わされた。

その翌日、カイヤさんのご主人に誘っていただいて、近くの小さな湖で舟に乗り、泳ごうということになった。「水着を持って来ていない」というと、「裸で泳げばいい」と言うので、「見ている人がいると恥ずかしい」と答えると、「誰も見てなんかいない」と言って湖に裸で飛び込んだ。私も仕方なく、生まれて初めて裸で飛び込んだ。泳いでいるうちに、気持ちよくなり、心が解放された。

しばらくして疲れてきた時、湖畔に建っていた小さな小屋のサウナに入り、葉っぱのついた木の枝で自分の身体を軽く叩いた。そしてフィンランドのお菓子をご馳走していただいた。アダムとエバが罪を犯す前に、「人とその妻はふたりとも裸であったが、恥ずかしいとは思わなかった」(創世記二・二五)というのは、このような感じだったのかと思った。

その夜、マイリスさんの家の家庭集会が開かれた。近所の人々がたくさん集まって来た。でもマイリスさんは、用事でヘルシンキに帰らなければならなかった。私の英語の説教をフィンランド語に通訳してくれたのは、ロンドンで学んでいる彼女の姪であった。人々はみことばに熱心に聞き入っていた。彼らは、マイリスさんが日本で宣教をするために支援していた人々であった。「マイリスが日本の宣教について報告したことは、本当だったのだ」と感動していた。

その後、私は電車でイーサルミからヘルシンキに行き、マイリスさんがその町を案内してくれた。そして私は彼女が教えている「聖書学校」のクラスで講義をし、彼女は日本語からフィンランド語に通訳してくれた。マイリスさんが作った「聖書の学びのテキスト」はとても興味深く、私たちの教会でも用いられている。

苦難の国ポーランド

私は、ヘルシンキから飛行機でポーランドのワルシャワの空港に着いた。出迎えに来ているはずの人が見当たらない。宿泊をお願いしているポーランド人Bさんに電話して、行き方を教えてもらい、タクシーでその家に行くことができた。ポーランドに行った目的は、アウシュヴィッツ（ポーランド名は「オシフィエンチム」）を訪ねるためであった。

ポーランドには栄光と苦難の歴史がある。十四～十五世紀には王国は繁栄し、その時代とその後の王宮は破壊されたが、今は修復されて残っている。ポーランドは十八世紀に、当時のプロイセン、オーストリア、ロシアによって「ポーランド分割」され、さらに数次の分割の結果、一時は「ポーランド」という国自体が消滅した。ポーランドが独立国家となったのは、第一次世界大戦後である。ポーランドの主な宗教はローマ・カトリックであり、共産主義時代にも教会は信仰を守り続けた。

日曜日の朝、私はホームステイの家から歩いて十分くらいのカトリック教会の礼拝に出席した。その教会は一～二年前に始められたばかりの新しい教会で、日曜日には六回の礼拝がもたれていて、私が参加した午前九時からの礼拝も多くの人が集まっていた。司式をする神父とともに、小学生と思われる少年が講壇の上で手伝いをしていた。このようにして、少年時代から訓練しているのだと思って感心した。

ホームステイ先のBさんの家の長男は、ワルシャワの「ショパン音楽院」のピアノ科を卒業し、その時には高校の音楽の教師をしながらピアノも教えていた。その翌日、彼の友人が私をガイドしてくれた。

ワルシャワ中央駅の前には高い建物が建っていた。それを見ながら「これはソ連が建てた物だが、ソ連に支配されていた時代は全く意味のない空白な時代だった」と苦々しい口調で語っていた。その後、使えなくなった大砲などの武器がそのまま置かれている場所も見た。少し疲れたので、喫茶店に入って休憩した。その時、彼が「ヒットラーによってポーランドが占領される直前に、ポーランドに住んでいたユダヤ人音楽家たちが、コンサートでチャイコフスキーの交響曲第六番『悲愴』を演奏したんだ。その演奏のテープを聞いたことがあるが、とても沈鬱な演奏だった」と話してくれた。実際、ポーランドは多くのユダヤ人を受け入れた国だった。

その翌日、私は一人でワルシャワのいろいろな場所に行ってみた。その時に、ユダヤ人たちが「隠れ家」としていた「ゲットー」の跡も見た。また、その当時のユダヤ人たちを記念し、さまざまなものを展示した記念館にも入ってみた。そこには、前日に語られた「コンサート」のポスターもあったし、ユダヤ人たちが使っていた生活用品もあった。私はその次の日にワルシャワ中央駅から電車に乗って、オシフィエンチムまで行った。駅からバスに乗って、「アウシュヴィッツ＝ビルケナウ強制収容所」まで行った。

バスを降りて歩いていくと、そこには当時の「強制収容所」のかなりの部分がそのままに残されていた。ユダヤ人たちを乗せて収容所に運んだ列車の線路、ユダヤ人たちがその中で殺されたガス室、彼らがその前に寝かされたと思われる粗末なベッド、トイレ、そしてその時の様子を写した写真。人々が使っていた眼鏡が山のように積まれていた。彼ら、彼女らは自分の名前で呼ばれず、番号で呼ばれていた。人間として認められていなかったのだ。その人々は、どのような思いでその時を過ごしたのだろうか。暗闇の中で、どこに希望を持つことができたのだろうか。

私はビクトール・フランクルの『夜と霧』をはじめとして、何冊かの本を読んでいたが、現実にその場に立つと、このことが現実に起こったこととは思えなかった。いや、私の心は思いたくなかった。でもこれは現実であり、自分の心の中にも、この暗闇がたしかに存在していることを知って、それから目を逸らしたいと無意識にも思ってしまう自分がいた。「ARBEIT MACHT FREI」ドイツ語で、「働けば自由になる」というナチスの偽りのプロパガンダの看板が道に掲げられているのを見て、心が苦しくなった。人間の恐ろしさを知った。

ワルシャワでの最後の夜、夕食をいただいた後、Bさんは戦争の時のことを話し始めた。約一週間経って、初めてこの話をしてくれた。彼女はユダヤ人ではなかったが、なぜか捕らえられ、多くの人々と列車に乗せられて、アウシュヴィッツに向かった。どこに連れて行かれるか分からなかったが、その目的地の前で、列車から飛び降り、そして奇跡的に見つからずに逃げることができたということである。後に彼女は、多くの人々が強制収容所の中で、殺されたことを知ったのだった。

ドイツ――盗まれた「アイデンティティー」

私は、ポーランドから列車でドイツに向かった。この数年前に「エヴァンゲリウム・カントライ（福音合唱団）」の演奏旅行に随行し、旧東ドイツを訪問していた。ある町で演奏会を開いた時の歓迎会で、その町の副市長の信仰の証しを聞いた。歓迎会が行われた「ゲマインデハウス」（フェローシップハウス）の外壁に、ドイツ語で「わたしは道であり、真理であり、いのちなのです」というイエス・キリストのことばが書かれていた。私が「これはいつから書かれていたのですか」と尋ねると、「共産主義者が東ドイツを支配していた時からだ」と答えた。ベルリンの壁が崩壊し、東ドイツと西ドイツが一つとなった時、この町の人々は、クリスチャンを市長と副市長に選んだ。それは多くの政治家が、共産主義者が国を支配していた時と、その後とでは大きく態度が変わったのに対し、クリスチャンたちは一貫して信仰の姿勢を変えなかったので、民衆から信頼されたからだということであった。

列車がベルリンの駅に到着すると、ベルリンで伝道している河村昭夫・紀子先生一家が迎えに来てくださっていた。河村先生のお宅に行き、ドイツ滞在中はお世話になった。

バッハゆかりの聖トーマス教会を見学した翌日、私は一人でベルリンのムゼウムスインゼル（博物館島）に行った。そこには、美術館をはじめ、ペルガモン博物館などがあり、かなり見ごたえのあるものだった。見終わり、公園のベンチに座って食事をしながら、ベルリンの観光案内の本を見ていた。ふと横を見ると、置いていたカバンがない。カバンの中には、パスポートを入れていた。すぐに、近くの店に行って、最寄りの警察署の場所を聞いた。すると「わかりにくいところにあるので、途中で場所を聞いたほうがいい」と教えてくれた。途中でフンボルト大学の前を通ると、学生たちが出て来た。その中の女子学生に声をかけて、「パスポートを盗まれたので、警察の場所を教えて」と頼むと、彼女は「自分も分からないけれど、一緒に行こう」と言ってくれた。途中、「私は、日本に行ったことがある。京都や鎌倉にも行った。その時に道が分からずに日本人に尋ねたら、親切に教えてくれた」と言った。きっと誰かが彼女に親切にしたので、彼女も私に親切にしてくれたのだ。

ついに警察署が見つかり、彼女は事情をドイツ語で簡単に話してくれた。警察官は英語は分からなかったため、彼女が私の英語をドイツ語に通訳してくれた。警察官は、すぐにベルリンの日本大使館に電話してくれて、「今すぐ来るように、大使館の係の人は待っているから」と言ってくれた。私は大使館に行った。すでに時間は過ぎていたのに大使館の人は待っていてくれた。「盗難証明書」を提出し、必要な書類に記入し終えた。係の女性は「今すぐ日本の役所に連絡する。あなたがパスポートを取得していたことが確認してもらえたら、すぐにパスポートを再発行する」と言ってくれた。盗難にあったのは、水曜日の午後であった。

実は、次に訪問することになっていたオランダで日曜日に礼拝説教を頼まれていた。パスポートなしに移動することは困難であった。金曜日の午前中、大使館に連絡したが「まだ、来ていない」との答えであった。私は、オランダに行くために荷物をまとめて駅に向かった。駅で、アムステルダム行きの最終列車の座席指定の急行券を念のために購入して、駅のロッカーに荷物を入れておいた。大使館のある「ヒロシマ通り」の近くに、森があり、そこで私は神に祈りをささげた。「もし、アムステルダムでみことばを伝えることがあなたのみこころであるなら、今日中にパスポートをください。」

午後三時頃、近くの公衆電話から大使館に電話すると「日本から答えがあった。すぐに来てください」と言われ、すぐに駆け付けた。三十分間でパスポートを作ってくれた。その後、タクシーで駅に向かった。道は混んでいたが、ようやく駅に着いて、荷物を取り、列車に飛び乗るとその途端に列車は動き始めた。「ああ、間に合った」と一息ついた。そして無事にアムステルダムに着き、出迎えてくれたアムステルダムのクリスチャンたちに会うことができた。

十月に日本に帰って来て、妻の聰子《ふさこ》とともに、銀座の画廊で開かれていた、パリ在住の渡部さんの個展を見に行った。その帰りに地下鉄の銀座駅で外国人数人が、「新宿、新宿」と言っていた。どの線に乗ったらいいかが分からない様子だった。私は「神が恩返しをするチャンスを与えてくださった」と直感して、「Can I help you?」と語りかけて、地下鉄の乗り場まで案内させていただいた。

パスポートは「自分が何者であるか」を証明する重要なものである。多くの方々のおかげで、私は新しいパスポートを手にすることができたのだった。

オランダで聞いた「重大な出来事」

ベルリンから列車でオランダのアムステルダムに到着したとき、すでに夕方になっていたが、ホームで数人のクリスチャンが出迎えてくださった。さっそくSさんの家に行き、数日間泊めていただいた。日本人教会は北部、中部、南部に集会を持っていたが、私がオランダを訪問した時には専任の牧師はいなかった。次の日曜日には市内の教会を借りて礼拝がもたれ、そこで説教をさせていただいた。

滞在中に、レンブラントの家を見学した。レンブラントは聖書のさまざまな箇所をデッサンしたり、油絵で描いたり、版画を作ったりしている。ヘンリ・ナウエンがサンクトペテルブルクのエルミタージュ美術館にある「放蕩息子の帰郷」の絵を見て感動し、霊的で、深い味わいのある文章を書いている。レンブラントは、一時は画家として成功し、妻サスキアとの幸福な結婚にも恵まれて経済的にも不自由なく生活していた。また息子のティトスも生まれて順調な生活を続け、アムステルダムで豪邸に住まい、そこで画家としての活動を続け、弟子もたくさん抱えていた。しかしその後、妻に先立たれ、息子も死に、借金も抱え、ついに家も売って借家住まいをしていた。そのようなレンブラントは、若い時、中年、晩年、死んだ年にも「自画像」を描いている。若々しく希望に満ちている自画像、妻との幸福の絶頂にあった時の自画像、借金に追いまくられていた時の自画像、人生の苦難の中で自分を見つめて描いた自画像、死んだ年に描いた平安が感じられる自画像。自分をどのように見るか、自分の心をどのように表現するかが、彼の自画像の変遷を見ることによって、わかってくる。

私自身は「自画像」を描いたことはないが、こうしてスピリチュアル・ジャーニーを書いて自分の人生を振り返り、思いめぐらすことを通して、自分の人生の遍歴を深く顧みることができる。これは幸いな機会だと思っている。

アムステルダムの滞在を終えて、オランダ南部のアイントホーフェンに行き、そこでの家庭集会で説教させていただいた。お交わりの後、Pさんの車でアイントホーフェンから離れたところにある彼女の家に行った。家に着いた途端に、お嬢さんがテレビを見ながら、「ニューヨークで大変なことが起こった。貿易センタービルが、ハイジャックされた飛行機に体当たりされて崩れ、多くの死者が出たらしい」と叫んでいた。テレビはその光景を繰り返し放映していた。イスラムの過激派の犯行であることがわかった。

アメリカとしては、第一次、第二次世界大戦中も自国がこのような形で攻撃されたことはなかった。この事件の後、アメリカ国民は「愛国心」を強調することになった。そして今回の犯行はイスラム過激派組織アルカイダによるものと断定し、その首謀者であるビンラディンの引き渡しをアフガニスタンのタリバン政権に要請した。しかし、タリバンはそれを拒否したので、アメリカはアフガニスタンを攻撃し始めた。後にビンラディンは他の地で殺害された。

私はこの事件が起きた時に、オランダに滞在しており、その後フランスに渡り、欧州各国にもこの事件は大きな影響を与えたことを体験させられた。

この原稿を書いている二〇二二年四月時点でも、ロシアによるウクライナ侵攻が大きな問題となっている。「二十一世紀になれば、世界は変わり、平和が実現する」と根拠もなく新しい世紀に期待を持っていた「私の希望」は無残にも破壊された。

イエス・キリストは、世の終わりには「偽キリスト」が出現し、「戦争や戦争のうわさを聞く」「民族が民族に、国が国に敵対し」「飢饉《ききん》や地震が起こり」、キリストの弟子が「苦しみにあわされ、殺され」「不法がはびこるので、多くの人の愛が冷えます」と預言した。それとともに、イエス・キリストは「最後まで耐え忍ぶ者は救われます」と約束し、「御国のこの福音が……すべての民族に証しされ、それから終わりが来ます」と言われ、そして人の子（キリスト）の再臨があると言われた（マタイ二四・六～三一）。

この「九・一一」は、自分の人生の歩みが「この世の終わり」と「キリストの再臨」という重大な出来事とつながっているということを深く考えさせられる出来事であった。

使徒パウロは「キリストの復活と私たちの復活」について、「しかし、今やキリストは、眠った者の初穂として死者の中からよみがえられました。死が一人の人を通して来たのですから、死者の復活も一人の人を通して来るのです。アダムにあってすべての人が死んでいるように、キリストにあってすべての人が生かされるのです」と述べている（Ⅰコリント一五・二〇〜二二）。自分の人生の意味について考える時に、「復活」についてさらに深く聖書から学ぶ必要があると思わされた。

再びスイスへ

オランダから列車でパリに行き、美術館をはじめ、パリの街を観光し、パリ日本語キリスト教会で説教する機会が与えられた。その後、空路スイスのチューリヒに向かった。

チューリヒ中央駅の近くの美術館では、イエス・キリストに関する特別展があり、中世の絵画に描かれたキリスト像、宗教改革期のキリスト像、近世のキリスト像、そして二十世紀のキリスト像をじっくりと見る機会となった。時代と国と文化と個人の個性によって、イエス・キリストの捉え方が違う。もちろん、聖書は同じであるが、聖書をどう読むか、イエス・キリストをどのようにイメージするかによって、イエス・キリスト像は変わってくるのである。

一九九三年にフランスのストラスブールの南にあるコルマールのウンターリンデン美術館を訪れ、マティアス・グリューネヴァルトが描いた「イーゼンハイムの祭壇画」のキリストを見たことがある。この絵は十六世紀に描かれたもので、キリストは十字架につけられ、極度の苦しみの表情を浮かべ、その肌は疫病で醜く、惨たらしいものである。かなりリアルなキリストが描かれている。

それに対して、チューリヒのフラウミュンスター（聖母聖堂）の会堂前面にある、シャガールのステンドグラスのイエス・キリストは、明るく、微笑みさえ浮かべているようで、「復活したキリストが十字架にかかっているのではないか」と思わされるのである。

浦和福音自由教会の礼拝堂の前面にあるステンドグラスの「十字架」は、背後からの光に照らされて明るく輝いている。キリストが十字架で受けた「傷」のシンボルが両手、両足、脇腹の箇所にある。「キリストの受難の苦しみ」と「キリストの復活の栄光」を表している。

チューリヒでの日々を過ごして、私は再び電車でラサを訪れた。ハンス・ビュルキ先生、アゴ夫人が導いてくださる「日本人のためのライフリビジョンセミナー」に参加するためである。ハンスは七十代になり、健康上の理由で来日は困難になっていた。しかし、ハンスのセミナーに参加したいという日本人クリスチャンは少なくなかった。このような時に、私の心に「だったら、日本人がスイスに行けばいいのでは」というアイデアが浮かんできて、太田和さんに相談すると、「それはいいかもしれない」と言って、ハンスに連絡してくれて実現の運びとなった。募集したところ二十人ほどの参加希望者が与えられて、二〇〇一年の九月に「スイスにおける日本人のためのライフリビジョンセミナー」が開かれた。

太田和さんがハンスの英語の導きを日本語に通訳してくれた。生島陸伸先生ご夫妻、唄野隆先生ご夫妻、松木祐三先生ご夫妻をはじめ、多くの牧師や牧師夫人、信徒が参加した。

ラサに着くと、ビュルキ先生ご夫妻と通訳をしてくれる太田和功一・塩子ご夫妻、そして生島先生ご夫妻をはじめ日本人の参加者が笑顔で迎えてくださった。

ハンスが私に「Where is your wife?（あなたの奥さんはどこにいますか?）」と質問してきたので、「用事があって、日本にいます」と答えると、一緒にいたアゴさんが「信じられない」と驚いていた。私は少し反省して、「一緒に来られればよかった」と思った。夕食の後、塩子さんが私に「先日、聰子さん（私の妻）と姫巡りというツアーで、長野に一緒に行ってとても楽しかった」と嬉しそうに話してくださった。私はそれを聞いて、とても嬉しい気持ちになった。

日本人のためのセミナーは、約十日間行われた。最初の日、ハンスが導いてくれたのは、十分間の「静まり」と一日の「振り返り」と分かち合いであった。その後、ハンスは詩篇一〇三篇を朗読し、「わがたましいよ　主をほめたたえよ。主が良くしてくださったことを何一つ忘れるな」（二節）というみことばから、「remember」（忘れるな）ということを説き明かされた。

「あなたの罪を赦された主」「あなたを癒やされる主」「あなたを贖われる主」「あなたに恵みとあわれみの冠をかぶらせる主」「あなたの一生を良いもので満ち足らせる主」をremember しなさい。そしてさらに、「Remember God's story in you.（あなたのうちにある神の物語を忘れるな）」そして「Remember your story before God.（神の御前にある、あなたの物語を覚えていなさい）」と語り、その日の短いセッションを終えて、私に「主にあって、お休みなさい」と言ってくださった。

六月に開催された英語でのセミナーと同じようなところもあったが、私が気づかされたこと、教えられたことは違っていた。日本人のためのセミナーで印象的だったのは、ハンス夫人のアゴさんの導きであった。参加者たちが、二人ずつペアになり、一人は盲人としての役割、もう一人はその人の手をとって、ラサの村のさまざまな家の塀や木や草花など、相手の人に体感してほしいことを触らせた。そして二回目には役割を変えて行われた。このことを通して、盲人の方の感覚を体験的に知り、人を信頼することの大切さを学んだ。また目の不自由な方にどのように対応すべきかを考えさせられた。

なんでも質問してよい機会が与えられた時に、私は自分のことについて質問した。家で妻が忙しく家事をしてくれているのを見て、私が妻を助けたいと思って、食器洗いを手伝った時に、妻が食器にご飯粒がついていたと言ってくれたのに対して、男性としてのプライドが傷つけられたと感じて、「だったら、あなたがやればいい」と言ったことについて、相談した。するとアゴさんは笑って、「男のプライドなんて何よ」という感じで、私に質問を返してきた。「家事の責任者はだれなの」と。私が「妻です」と答えると、「だったら、責任者の要求に従って行動すべきではないか」と言われて、私は返すことばもなかった。今も時々思い起こす、適切なことばであった。

九月末、日本人のためのセミナーを終えて、チューリヒ中央駅で日本人参加者一行を見送ったあと、私はハンスとともにホームまで行き、電車に乗った彼を見送った。この日本人のためのセミナーが、ハンス・ビュルキ先生の生涯の最後のセミナーとなった。

その翌年二〇〇二年に、このセミナーにご夫妻で参加された松木祐三先生、そしてＣＬＳＫクリスチャン・ライフ成長研究会をともに担ってきた片岡伸光先生、そしてハンス・ビュルキ先生を天にお送りすることになった。そして太田和功一先生がその後バトンを継いで、ラサで「ライフリビジョンセミナー」を導いてくださった。

その十　ディロン先生夫妻の「魂の配慮」

生まれ故郷の北海道から福島に引っ越した中学生時代のこと、その後、大学生になってから教会に行くようになったことを前に書いた。その間の出会いについて、もう少し思い起こしてみたい。

中学三年生の時、母に勧められてカトリック教会の日曜学校に行った。その時、初めてイエス・キリストが十字架にかけられたことと、母マリアが悲しんでいることを知った。「良きサマリア人」の劇をしたので、その話は覚えている。

中学生になってから、ラジオ放送で「ルーテルアワー」を聞いた。キリスト教の番組だった。私は中学生の頃から、人は何のために生きているのか、人生の目的は何か、自分は何者なのかを考え、悩んできた。そのことを知るために、哲学の本を読んだり、友達と語り合ったり、学校の先生に質問したりしていた。しかし、確かな答えは得られなかった。

大学に進学し、ドイツ語の授業で、マルティン・ルターの『キリスト者の自由について』という本をテキストに教えられた。そこには聖書からの引用が多くあったので、「訳本」として日本語の聖書を町の本屋で買った。

ドイツ語の先生は、無教会のクリスチャンだったので、私をはじめ、学生たちは先生にさまざまな質問を浴びせた。

大学三年生の前期の試験が終わり、池袋で遊んでから家に帰ると、一番下の弟が「音楽とお話の夕べ」のチケットを私にくれた。この集会は、川越聖書センターのディロン先生が開いたものだった。弟は中学校でディロン夫人のマーティルさんの英会話の授業で「教会に行きませんか」という誘いを受け、そのチラシを持って帰ったのだ。

その伝道集会は、五日間続いた。その中で、ひとりの大学生が「自分の友人に対して自己中心の思いを持ち、それが罪だと分かってイエス・キリストの救いを受け入れた」という証しをした。聖書のことばは全く分からなかったが、学生が語った「自己中心の罪」のことは、自分の内にもあると感じた。その次の日曜日、私は川越聖書センターという教会を捜して礼拝に出た。その時も伝道集会で、講師は土屋一臣という説教者だった。

礼拝が終わった後で、東京工業大学に行っていたS君と私が説教者に多くの質問をした。先生は誠実に答えてくれた。でも、難しい質問には「自分にも分からない」と言われた。別れ際に、先生は「きっと、きみたち二人は近いうちにクリスチャンになると思うよ」と言われた。S君は、家に帰って自分で罪を告白し、イエス・キリストを信じたと聞いた。

私は、月曜日の第一時間目はドイツ文学の授業だったが、教授の語っていることよりも、その前の日までに聞いたイエス・キリストのことを考えていた。心の中で、「お前はこれから、だれを信じて人生を歩んでいくのか」と自分に問いかけていた。「自分は信じられない」「イエスさまを信じていく以外に道はない」と思って、「イエスさま。あなたを信じていきます」と短く祈った。すると、私の心は温かく平安に満たされた。この経緯は「その七　キリスト教との出会い」にも書いたが、ここではディロン先生からいただいた導きについて振り返っておきたい。

その週の木曜日、川越聖書センター（後の川越聖書教会）の祈禱会に出席し、祈りの中で、私が主イエスを信じたことを告白した。ディロン先生はそれを喜んでくださった。そしてその翌日、東京のお茶の水キリスト教会館のチャペルで開かれた伝道集会に連れて行ってくださった。その時の説教者は、香港から来た伝道者だった。

説教の後、信仰の招きがあり、私は前に進んだ。その時、祈って導いてくださったのが、KGK（キリスト者学生会）の主事をしていた高橋久之主事だった。「東京大学にはKGKはないが、教会にはつながって」というような勧めをいただいた。だが翌年の春、数人のクリスチャン新入生が東大に入学し、駒場でKGKが始まった。また本郷では、医学部で学んでいた稲葉裕兄を紹介されて、毎日のように図書館の屋上で祈り会を持った。このような交わりを通して私の信仰は守られた。

川越聖書センターの主の日の礼拝は、日曜日の午後に持たれていた。それは、さまざまな牧師・説教者を招くには都合がよく、宮村武夫先生、穐近祐先生など多くの説教者の説教を聞く機会になった。ディロン先生は私によく電話して、「坂野さん。今日は時間がありますか」と聞いてきた。時間が空いている時は、ディロン先生と一緒に伝道集会のチラシや川越聖書センターの案内を配布に行った。ポスター貼りもやった。また、礼拝を休んだ求道者のことを心にかけていたディロン先生は、「坂野さん。一緒に訪問しましょう」と誘ってくださって、その方々の訪問をした。

これらのことを通して、「魂への情熱」を伝えていただいた。

また、マーティル夫人は、子どもに対する伝道の情熱に燃えている人だった。川越のご自宅を開いて、子どもの集会をしていた。「坂野さん、手伝ってください」と言われて、夫人とともに毎週、子どもに聖書の話をした。それだけではなく、所沢の「十四軒」という村の公民館を借りて、地域の子どもたちに伝道した。マーティルさんは、「私たちはやがて死んで行く者として、死んで行く人々に、特に子どもたちにイエス・キリストの福音を伝えなければならない」と言って、伝道の大切さを私に教えてくださった。

また、彼女は祈りの人で、私が訪問するとアラン・ディロン先生は、いつも「マーティルは今祈っていますので、お待ちください」と言っていた。そして、夫人が出て来られると、いつも額に赤い跡があった。それは彼女が自分の手を額にあてて、長い間お祈りをしていたからである。

私は、一九六五年の一月の寒い時にディロン先生から洗礼を受けた。川越聖書センターの学生たちとともにイエス・キリストの福音を熱心に伝道した。そして、学生たちが中心になって教会の組織を作り、「川越聖書教会」とした。

そのような中で、私が大学四年生の時に、祈っていて、神様から使徒の働き26章16〜18節のみことばを示され、伝道者・牧師になる導き、召命をいただいた。そして神学校に入学し、牧師になる訓練を受けて卒業し、KGK（キリスト者学生会）の主事として働いた。その後結婚し、浦和福音自由教会の牧師として五十年間説教し、牧会をさせていただいた。

アラン・ディロン先生と奥様が日本に来て、福音を伝えてくださったので、私は今、牧師・

伝道者として福音を多くの人々に伝えることができるのだ。ご夫妻を日本に宣教師として送り出してくださったアメリカのクリスチャンの方々の愛と祈りに、心から感謝したい。私が牧師になることに反対していた父保吉も母エンも、その後、川越聖書教会で信仰を持ち、洗礼を受けて喜んで奉仕をし、二〇〇六年と二〇一一年に天国に帰った。

魂の配慮——「牧会」や「霊的ケア」を意味するドイツ語「ゼールゾルゲ（Seelsorge）」を日本語に訳したことばだが、ディロン先生ご夫妻は、まことに「魂の配慮」の人であった。

その十一　牧会の原点となった永倉義雄先生

最初の出会い

岡山聖心教会の永倉義雄先生を初めに知ったのは、私が神学生だった一九六七年、東京の淀橋教会で行われた「東日本連合宣教の集い」で先生が講師として話された時だった。先生は教会が面している路地を、自分たちの土地の前だけではなく、かなり長く掃き清め、それも毎日されたという証しであった。最初聞いた時は、随分丁寧な方で、地域の方々を愛している先生なのだと思った。隣近所にキリスト教の「チラシ」を配布する牧師は多くいるが、地域を「掃除する」牧師は聞いたことがない。後になって、そこに先生の「祈り」があったのだと思わされた。

次に出会ったきっかけは、妻との結婚であった。彼女は樋上聰子（ひかみ　ふさこ）という名で、浦和福音自由教会の会員だった。大学を卒業してから家庭裁判所の調査官として岡山の家庭裁判所に勤務し、岡山聖心教会に通っていた。私は、当時キリスト者学生会の主事として働き、浦和福音自由教会に出席していた。婚約する前に、彼女から永倉牧師に会ってほしいと言われたので、私は東京から岡山まで行くことになった。かなり緊張していたと思う。

その後、婚約して結婚までの一年間、二か月に一度は岡山に行き、聖心教会の祈禱会に出席し、永倉先生と面談し、牧師館にもお招きいただいて奥様にもお会いした。牧会者とその配偶者としての心構えや知恵、そして先生の長年の信仰経験のお証しを聴くことができた。

結婚式は、浦和福音自由教会で永倉義雄牧師司式のもと、一九七一年四月二十九日に行われた。新婚旅行の中で、岡山聖心教会の総員礼拝に出席した。永倉先生の説教と、金沢独立キリスト教会の岡田意先生のお証しがあった。

古刹への旅

永倉先生は、私をさまざまなところに連れて行ってくださった。比叡山延暦寺、高野山金剛峰寺など、日本の宗教界の先達が修行した寺を見に行った。先生は、これらの寺院の開祖たちの構想の大きさ、またそこで修行する修行僧たちの真剣な姿勢を見せたいと思われたのだと思う。また、他の美しい景色の場所にも案内してくださり、その道すがら、牧会者としての姿勢や、知恵、人との対応について、教えていただいた。

「献身した者」の生き方

永倉先生は、ご自分の経験や、経験の中で学ばれたこと、考えられたことを文章にしておられるが、それを本という形で出版されることはなかった。ただ、南京に伝道のために遣わされた時に、岡山にいた弟子に書き送った書簡が発見されて、それを「記念の石」という題で出版された。それをいただき、私は繰り返し読ませていただいた。

先生の伝道者・牧会者としての姿勢、品格を思い起こすと、福音のために「献身した者」の在り方を教えられた。先生は決して後輩や弟子を見下ろすようなことはなく、牧師として召された者に対して、敬意をもって接してくださり、支配するようなことは決してしなかった。また、ことば遣いも丁寧で、威厳があったが、それでいて温かいものを感じさせた。

「キリストにある者」の霊性

キリスト教会でも「霊性」ということが言われるようになったが、今になって、永倉義雄牧師の生き方を振り返ると、そのたたずまい、ことば、祈り、説教、人との接し方、そのすべてに一貫したものがあった。それは、「イエス・キリストにある者、また牧師として召命を受けた者、そして日本人として日本の文化と宗教性の中に生かされた者」としての「霊性」なのだと思う。

日常生活、牧会生活、神学校における教鞭においても、常に一貫した姿勢を保ちつつ、より深く、より広く、そして日本人に対する愛と、キリストの教会を通して、リバイバルが起こされることを祈り求める信仰と祈りに導かれたのである。しかし、それは感情に流されて熱狂的になるのではなく、きわめて冷静で、常識を持った「霊性」だった。

「伝道は感化である」

先生は、キリスト教徒が「非国民」と言われ、さまざまな迫害を受けた時代を信仰によって立ち続け、戦争に向かって突き進んで行く日本のために、涙を流して祈り続けたことをお聞きしている。日本人を愛し、日本の行く末のために痛みをもって祈り、日本の教会が日本人の救いのため、日本が神に祝福された民となるように、祈られたのである。

先生は、さまざまな教会を見て、その伝道の在り方を経験して、その結果として「伝道は感化である」という結論に達し、生涯その姿勢を貫き、信徒に教えた。

キリストと一体となり、キリストにつながって実を結ぶということを通して、クリスチャンは、キリストを証しし、周囲に感化を及ぼすことによって、伝道するのであると信じられたのである。事実、岡山聖心教会では、信徒の家族に救いが及び、それが継承されている。またそれぞれの社会的な立場や職場での証し、近隣の方々との交わり、教会付属の「ひかり幼稚園」などを通して、地域の方々にも福音が証しされている。

祈りによる牧会

先生は、信徒に「密室の祈り」（デボーション）の大切さを徹底して教えられた。そして、全家族の救いのため、全日本のリバイバルのために祈り続けられ、信徒にもそのように祈るように指導された。そして、祈りとともに、家庭を大事にすること、仕事を忠実にすること、学生には勉強することの大切さを教えられた。その結果、聖心教会の会員の中には、教会の中だけではなく、社会においても尊敬される人物が輩出された。

その人の家庭から救われる人々が起こされ、また社会でも影響を与える人物を通して、その「感化」によって、救われる人々が起こされた。人数が多くなっても、一人一人のために祈り、一人一人のたましいを大切にする姿勢は変わることはなかった。

また先生は、献金について、直接説教することはなさらなかったと思う。しかし、先生が主任牧師として奉仕をされていた最後の時代には、岡山聖心教会は会堂建築のため一億円以上の献金が積み立てられていたとお聞きしたことがある。

「献金」「献金」と声を大にして叫ばなくても、キリストに結び付き、献身した信者は、喜びをもって十分の一献金をするのだ、という実例を示してくださっているのだと思う。

また先生は、自分の弟子からも謙遜にさまざまなことを学んだことを教えていただいた。

説教を語るということ

私は、何回か岡山聖心教会の礼拝、夕拝、祈禱会において、永倉先生の説教を聴く機会があり、それとともに毎週の礼拝説教をテープで送っていただいて聞き続けた。先生の説教は、「単なる体験談」あるいは「証し」ではなかった。また「聖書講義」でもなく、「講解説教」でもなかった。牧師として生き続ける中で、聖書を土台として、聖霊が与えられた説教を語るということなのだと思う。

永倉義雄牧師の生き方と教えを顧みて、自分自身の牧会の原点が「ここにある」ということを再確認させていただいた。

その十二　浦和福音自由教会の牧会という祝福

一九七一年の十月、浦和福音自由教会の牧師として就任した時に、妻の聰子と祈り、「どのような方針で牧会をするか」について相談し、日記に書き留めた。

【牧会の基本方針】

第一に「みことばをまっすぐに語り、みことばによって教会形成をする」
第二に「一人一人を大切にする」
第三に「人をえこひいきしない」
第四に「お金や名誉にこだわらない」
第五に「一人一人とその家族のために祈る」
第六に「特別な伝道の方式を取り入れない」
第七に「信徒の方々に信頼されるまでは、受け継いできたやり方を変えない」

五十年の牧会を振り返って、このすべてを完全に実現できたとは言えないが、少なくとも精いっぱい努力をしてきたと思っている。

【受け継いだ祝福】

聖書と福音に対する揺るぎない確信

浦和福音自由教会は、一九五〇年にハンソン師、ヘッセルグレーブ師などの宣教師たちによって開拓された。その後、濱野師、古山師、尾城師、安海師と第一代から第四代までの牧師による牧会がなされてきた。その牧師の個性と賜物によって特徴はあったものの、「聖書と福音」に対しては揺るがない信仰と確信が受け継がれてきた。私もそれを受け継いできたと信じている。その確信に基づいて「説教」し続けてきた。

伝道のパッション

初代の宣教師たちをはじめ、歴代の牧師たちは「伝道」つまり、失われた魂を主のもとに導くことに力を注いできた。私も救われた信者の成長とともに、まだイエス・キリストを信じていない人々に福音を伝えることに心を用いてきた。

特に、尾城先生に与えられた「衛星教会」設立のヴィジョンに従って、東大宮福音自由教会、片柳福音自由教会が始められ、それぞれの教会から、久喜福音自由教会、岩槻福音自由教会、東川口福音自由教会が生み出された。最近では、長野県の上田福音自由教会が生み出された。この他に、地区の諸教会との協力の中から、数教会が生み出された。このように、自分たちの教会が成長し、拡大することだけではなく、新しく教会を生み出すことによって神の祝福が与えられることを経験した。また、生み出された教会は成長し、自立し、そしてさらに「孫教会」を生み出すことになった。

世界宣教のヴィジョン

第二代の古山先生は、「世界宣教のヴィジョン」を掲げ、そして浦和福音自由教会がそのために、宣教師を海外に派遣する教会になるように願った。そして三代目の尾城先生は、そのヴィジョンを実現し、日本福音自由教会の最初の宣教師として、横内澄江先生をマレーシアとシンガポールに派遣した。さらに、第四代目の安海先生は、インドネシアに宣教師として遣わされて行った。この安海先生の宣教を助けるべく献身したのが、安東栄子先生であった。先生は宣教師としての訓練を海外で受けた後、カリマンタン（ボルネオ島）の神学校の教師として奉仕した。その奉仕の最中、交通事故で天に召された。このことは、私の心の痛みである。しかし安東栄子先生の献身と召天を通して、さらに多くの献信者が起こされたことを覚えて慰めをいただいている。

【受け継いだ課題】

私は第五代目の牧師として、浦和福音自由教会に招かれた。私自身はこの教会の牧師になるとは夢にも思わなかったが、神が私を導かれたのである。後継者は、それまでに教会を牧会した牧者たちを通して与えられた「祝福」だけではなく、その牧師たちと教会が抱えた「課題」をも引き受けなければならないと思っている。

海外宣教の支援の在り方

派遣団体の理事たちと派遣された宣教師の間には、多くの課題があった。宣教の方針の違い、そしてささげられた献金の用い方についての理解の違いなど、本来なら一致していなければならないはずなのに、多くの違いがあった。宣教師の母教会の牧師として、多くの非難を受け、宣教団体の先輩の先生方とぶつかった。そのような中で、どんな場合にも宣教師を守らなければならなかった。
そのために、インドネシアやフィリピンにも行き、宣教師を励ましたこともあった。

教会付属の幼稚園

教会の若いお母さん方の強い要望に応えて、浦和福音自由教会はＹＷＣＡの幼稚園を引き継いで、教会付属の「みくに幼稚園」を始めた。この幼稚園を通して何人もの親子が救われた。しかし、幼稚園の送迎バスが事故を起こし、そのことが原因で、閉園せざるを得なかった。私は牧師であるとともに園長として、この問題の矢面に立たされ、苦しみ続けた。今にして思えば、さまざまな問題が起こることをあらかじめよく研究して準備しておくべきだったと思う。

教会の牧師館と牧師給の課題

私が浦和福音自由教会の牧師として就任したのは、二十九歳の時であった。その年の四月に結婚して、十月に牧師になった。妻の聰子は浦和福音自由教会の出身であった。彼女は家庭裁判所の調査官として岡山で働いた。そして結婚した時は、東京の研修所で研修を受けるために、東京に住んだ。私は神学校のギリシャ語の教師と、ＫＧＫ（キリスト者学生会）の主事として大学生への伝道と訓練のために奉仕した。さらに、浦和福音自由教会の学生と青年たちの信仰の訓練のために教会で奉仕した。そのような時に、安海先生がインドネシアに行くことになって、私が後任の牧師として選ばれたのである。私は半年間は牧師と主事の奉仕を兼務した。妻は、調査官の職を辞して、牧会に専念した。

その当時の牧師館は、教会の一階にあった。寝室と居間とキッチンがあり、教会の集会室との間にドアがあった。礼拝堂は二階にあって、キッチンの窓を開けると階段を上って行く人々の足が見えた。そのような中で、子どもたちを育てた。多くの犠牲を子どもたちに負わせたと思う。外国の先生を集会に呼んだ時には、妻が料理をし、おもてなしをした。

毎年、年度末になると、教会の予算を編成する。その時に「牧師給」の問題が出てくる。その当時は、今のように、謝儀の基準が決まっているわけではなかった。さまざまな教会の必要があり、開拓伝道のための費用も捻出しなければならない。そして教会の成長とともに、「会堂建設」のための特別の支出も必要になってくる。そのような中で「牧師給」はどうしても後回しになる。何年も前の会堂建設の時は、他の教職と話し合って一定期間は「開拓伝道師」の基準で牧師給をいただく決断をしたこともあった。そのような中で、婦人の役員が祈りをもって、適切な意見を述べてくださり、その後、通常の謝儀をいただくことになった。その後、長い期間を経て、牧師謝儀の基準が整えられて現在に至っている。私と妻は謝儀をいただくたびに、困難な中で信仰によって大きな犠牲をもって献金してくださる信徒の方々を覚え、神の祝福があるようにと祈りをささげてきた。

そして、まず献金のために聖別し、それから支出することにした。主は五十年間、その時の必要のすべてを満たしてくださったのである。

教会の成長と会堂建築の課題

「福音」を語り続け、人々のために「祈り」続ける時に、必ず救われる人々が増し加えられてくる。しかし、「会堂」の収容人数の八〇パーセントを超えると、なかなか増加しない傾向がある。

対策としては、「さらに大きな新会堂」を建てるか、「二部礼拝・三部礼拝」を考えるかの選択を迫られる。浦和福音自由教会の場合、最初の礼拝堂がいっぱいになった時に、二階に会堂を増築した。また、「株分け」方式で東大宮、片柳などに信徒を送り出して教会を生み出した。しかし、送り出した人数によって空いたスペースは半年も経たないうちに、新しい人々によって満たされた。
　そして二部礼拝が持たれるようになった。それでも礼拝に集う人々は増加し、一階の集会室や、階段にまで礼拝出席者があふれかえるようになった。

　この段階で、新会堂を建てるために土地探しが始まった。「浦和駅から歩いて十分以内・広さは三百坪」を目標に祈り続け、捜し続けた。その結果、県庁の近くの岸町六丁目に百八十坪の土地が与えられ、そこに新会堂を建てることになった。設計者の選定に対してもさまざまな意見があり、さらに建築業者の選定には大きな課題があった。数社に見積もりをお願いし、最終的に地元の業者と東証一部上場のT社が残った。地元の業者は一億六千万円、T社は一億七千万円の見積もりであった。建築委員会は十人で構成されていたが、地元の会社に賛成する委員が八人、T社に賛成する人が二人であった。しかし、建築委員会は「全会一致で決めよう」ということで、徹底的に意見を言い合い、話し合ったが平行線で、一週間に三回の委員会は明け方まで続いた。「一千万円でも安いほうが良い」という委員と、「少し高くても信頼できるほうが良い」という委員とに意見が分かれた。結果的に「牧師に一任」ということで委員会が一致した。私はもともと一部上場の会社にお願いするほうが良いという意見だったので、「一部上場のT社でお願いします」と申し上げた。ある委員は翌朝、「建築委員を辞めさせてもらいたい」と電話してこられた。私は自転車ですぐその兄弟の家に行き、「せっかく今まで一緒にやってきたのだから、新会堂の完成の時に一緒に喜びたいので、お願いだから最後まで委員を続けてほしい」と頭を下げてお願いした。その兄弟も同意してくださった。結果として、工事の時には、周囲の道路が陥没したり、隣接地の塀を傷つけたりとさまざまな出来事があったが、建築会社は追加工事費を請求しなかった。委員の兄弟も「これでよかった」と言ってともに喜んでくださった。

今の北浦和の会堂建築も、前回とは違った戦いがあった。前の会堂の土地のかなりの部分に二十五メートル幅の道路が計画されていた。しかし、市役所の責任者の話では、その道路は数十年先の話で、すぐ実現することはない、ということであった。しかし、計画は思ったより早く実行に移されることになった。教会は、このような時に信仰が試される。人間的なやり方でごねることは良いとは思われない。

それで、市役所の責任ある方をご存じのT兄を通して、直接お話しする道が開かれた。「適切な代替え地を与えてくださるならば、教会は市の道路計画に協力します」と話した。市のほうから提示された土地はあまり適切とは思われない土地であったので、さらにお願いしたところ、北浦和の現在地が提示された。ただ、当初の市の話では、約八百坪を提供するということであったが、その後、半分の四百坪にすると言ってきた。T兄の執り成しで、市の幹部の方々と厳しい交渉があった。

その後、市は仲介業者を通して、五百五十坪を提示してきた。教会の役員会に相談し、総会で承認していただいたのが、現在の教会の土地である。でもさらに課題は残った。前の教会の土地を坪単価いくらに見積もるか、北浦和の土地をいくらに見積もるか。また、前の土地をどのような状態で引き渡すか。このような時にも、以前県庁で土地関係の仕事をしておられたI兄が知恵を出してくださり、市との交渉もしてくださった。また、現在地は地盤が強固とは言えず、構造設計の専門家のA兄は、五十メートル下の地盤まで杭を打ち込むように、工事を請け負ったS社に交渉し、工事の間も毎日のように立ち会ってくれた。工事が完成して、新会堂で礼拝が行われるようになってからも、外壁の陶板が強風に煽られて落下し、あわや人身事故になりそうになったり、それを全部はずしてより安全な金属で外装をやり直したり、新しいパイプオルガンを入れたりした。オルガンの補強工事をした翌年、東日本大震災があったが、建物もオルガンも守られた。

詳細に当時の様子を書かせていただいたのは、今までの経緯をご存じない方々にお伝えして、ともに主の守りを感謝したいと考えたからである。

最後に聖書のみことばを記したい。これは使徒パウロがエペソの教会の長老たちに語ったことばである。

「今私は、あなたがたを神とその恵みのみことばにゆだねます。みことばは、あなたがたを成長させ、聖なるものとされたすべての人々とともに、あなたがたに御国を受け継がせることができるのです。私は、人の金銀や衣服を貪ったことはありません。あなたがた自身が知っているとおり、私の両手は、自分の必要のためにも、ともにいる人たちのためにも働いてきました。このように労苦して、弱い者を助けなければならないこと、また、主イエスご自身が、『受けるよりも与えるほうが幸いである』と言われたみことばを、覚えているべきだということを、私はあらゆることを通してあなたがたに示してきたのです。」

こう言ってから、パウロは皆とともに、ひざまずいて祈った。

（使徒二〇・三二～三六）

妻聰子とともに、キリストの教会である浦和福音自由教会に五十年間、牧会者としてお仕えさせていただいたことを主に感謝するとともに、祈り支えてくださった皆様に「ありがとうございました」と申し上げたいと思います。

牧師の妻として

坂野聰子《ふさこ》

牧師の妻となってしばらくたった頃、牧師とその妻は、自分たちが前面に出てはいけないと気がつきました。牧師は先頭に立ってすべてを取り仕切っていくのではなく、一人一人の賜物を見極め、それぞれにふさわしい場で生かしていくのが牧師の役割だと思い至りました。それは、リーダーの大事な要件ではないかと思います。

実際、私どもの賜物、能力には限界がありますが、教会にはそれぞれ異なった賜物を持った方々が大勢いらっしゃり、教会の成長のために、大きく主が用いてくださったことを感謝しています。

同時に、私は牧師の妻として、フリーハンドで、他の人の気がつかないところや目につかない人々に目を留め、気を配るようにしたいと思いました。そういう片隅と思われるところに、キラキラ輝く宝石のような神様の恵みがいっぱい転がっていました。今は天に帰られた何人かの方々も目に浮かんできますが、私が慰められ励まされたのは、一見地味に見える方たちでした。愚痴や批判は一切口に出さず、いつも前のほうで礼拝を守っている、そういう方々によって教会は支えられているのではないかと思います。私だけでなく、悩みを持って教会に来られる方にとっても、そういう方の存在が慰めであったと知らされました。

十数年前に、東北のある教団の合同婦人会に招かれたことがありました。三十人弱の小さな集会で、平均年齢も六十歳前後、半数近くの方が県外に出たことはないとおっしゃっていました。このようなことは初めてだったそうですが、はからずも、一人一人がご自分のお話をすることになりました。ある方は、戦争中からの信仰生活、ある方はご家族の話など、ほとんどは苦労されたお話でしたが、秋田弁で語られると、一篇の詩を聞いているようで、美しい物語が流れていくようでした。神様はどんなところでも、どんな人にでも働いて、素晴らしい救いの物語を紡いでくださると知らされた瞬間でした。忘れられない想い出です。

その十三　コロナ禍がくれた黙想のたより

数十年前になるが、婦人会の人数が増え、その中の比較的ご高齢の方々から、婦人会の一部としての立場は守りながら、高齢者を中心とした集会を月に一度開いてほしいとの要望があり、「恵みの高嶺を目指して」ということで「高嶺会《たかねかい》」と命名して、今日まで聖書の学びと交わりを中心とした集いを持っている。

コロナ禍のため二〇二〇年二月から高嶺会は休会となったが、それから十か月が過ぎ、せめてはがきででも毎月の高嶺会を続けたいという声が世話役係から上がり、私にショートメッセージを書くようにと依頼があった。そうして生まれた「高嶺会だより」は、いわばコロナ禍がくれた黙想のたよりであり、教会に集まることができないという危機の時代だからこそ書きとどめることができた牧会のことばともいえる。「はがき」の印刷をしてくださった方々のご労苦を心より感謝しています。

浦和福音自由教会での営みが表された一端として、最後に記しておきたい。

高嶺会だより二〇二一──「荒野と緑の牧場」──詩篇二三篇の黙想

睦　月

主は私の羊飼い。
私は乏しいことがありません。（詩篇二三・一）

ダビデの有名な詩篇です。ダビデはまだ小さい頃から、羊飼いをしていました。彼は羊の性質について、よく知っていました。弱く、迷いやすく、傷つきやすい羊。そして自分で自分が食べる物も探すことができない羊。さらにライオンやオオカミなどが襲ってきた時も、自分を守ることができない羊。その羊をいのちをかけて守り、養い、癒やしてくれる羊飼いがともにいれば大丈夫です。主イエスは「私は良い羊飼いです」と言われました。そして私たちのためにいのちを捨てて守ってくださったのです。

ですから、私たちもダビデとともに「主は私の羊飼い。私は乏しいことがありません」と告白することができるのです。このコロナ禍の中でも、毎週礼拝が守れない状況でも。でも一日も早く、教会でともにみことばを聞き、祈り、分かち合いの時を持たせていただきたいですね。ともにお祈りしていきましょう。

如　月

主は私を緑の牧場に伏させ
いこいのみぎわに伴われます。（詩篇二三・二）

ユダヤの荒野のイメージは「茶色」です。羊飼いは、羊に餌を与えるために、荒野の中の緑の草が生えている地を探し、そこに羊たちを導き、休ませます。牧者である主は羊たちに十分な食べ物を与えます。そして羊を襲う猛獣から羊を守り、安心して伏すことができるように見守ります。

羊にとっては、緑の草とともに必要なのは「きれいな水」です。流れる水を飲み、渇きを癒やします。そして、そこでからだを洗ってもらうかもしれません。そこでも羊たちは「憩う」ことができるのです。

主は私たちに、「日毎の糧」を与え、悪魔から私たちを守ります。そして「わたしが与える水はその人の内で泉となり、永遠のいのちへの水が湧き出ます」と言われる主イエスから、渇くことのない聖霊をいただくことができるのです。

弥　生

主は私のたましいを生き返らせ（詩篇二三・三）

ダビデは初代の王サウルに疑われ、つけ狙われ、荒野を逃げ回っている中で、体も心もたましいまでも疲れ果て、自分を見失ってしまいそうになりました。

しかし、そのような中で彼が主を待ち望んだ時、彼は息を吹き返し、傷を癒やされ、自分自身を取り戻し、生き返らせていただいたのです。

私たちも、自分のまわりの出来事に目を奪われる時、生きる力を失ってしまいます。そのような時にこそ、主を仰ぎ見て、みことばを通して働かれる聖霊により、生き返らせていただきたいと思うのです。

卯月

御名のゆえに　私を義の道に導かれます。（詩篇二三・三）

ダビデは自分の罪のために、たましいが死んだ状態にありましたが、主は彼のたましいを生き返らせてくださいました。そして主は「御名のゆえに 私を義の道に導かれます」と歌うことができました。主が彼の罪を赦し、たましいを生き返らせたのは、第一には「御名のゆえに」なのです。イスラエルの人々は、自分の罪のゆえに「主の聖なる名」を汚した。しかし、主は彼らを赦し、彼らを約束の地に戻してくださった。それは、彼らの正しい行いのためではなく、「あなたがたが汚した……わたしの聖なる名のためである」（エゼキエル三六・二二、傍点筆者）。私たちが憐みを受けたのは、「クリスチャン」（キリストのもの）というキリストの御名のゆえなのです。

主がダビデのたましいを生き返らせた第二の目的は、彼を「義の道」つまり「神のみこころの道」に導くためです。彼が主によって立てられた王として、神の民の羊飼いとして、正しい政治を行い、神の民を養うためであったのです。

私たちも神によって赦され、神の子としていただいたのは、「神の作品」として良い行いをするためなのです（エペソ二・一〇）。

皐　月

たとえ　死の陰の谷を歩むとしても
私はわざわいを恐れません。（詩篇二三・四）

ダビデの人生の歩みには、日当たりの良い時も、日陰の時もありました。先代の王サウルにいのちを狙われて、荒野を逃げまくり、常に死と背中合わせのような「死の陰の谷を歩む」日々が長く続きました。私たちの人生の日々を振り返る時、同じように「山」の時代と「谷底」の時代があることが思い起こされます。山頂にいて四方の美しい景色を眺めながら、主はなんと恵み深いお方なのだろうかと感謝する時があります。また人生の暗闇の中で八方塞がりを経験し、主の御顔が見えなくなり、「主に見捨てられた」と感じる時もあります。そのような時、他の人々を見て「なぜ自分だけがこんなつらい思いをしなければならないのか」と主の真実を信じられなくなります。

しかしダビデは「死の陰の谷」の中に、主がともにおられることを経験して「私はわざわいを恐れません」と告白しました。上を仰いで、暗闇を照らす一条の光を見出し、その光に照らされてひっそりと咲く「谷間の百合」を見たのでしょうか。

水無月

あなたが　ともにおられますから。（詩篇二三・四）

人生には、「緑の牧場」「いこいのみぎわ」と言える日々もあり、「死の陰の谷」と言わざるをえない時もあります。でも、どんな時にも「主（あなた）はともにおられる」と告白して生きていきたいのです。この詩篇の中で、一〜三節までは、「主」という呼び名で神に呼びかけていますが、四節からはそれが「あなた」に変わります。ドイツ語訳では、「あなた」は「du」ということばが使われています。「du」は、近しい友人などと会話する時に「おれ－おまえ」という関係で使われます。神は、「主」であるとともに、「友」であるということを、この試練の中でダビデは発見したのです。

ここからイメージされることは、死の陰の谷を歩むダビデとともに、主がその同伴者としてともに歩んでおられる姿です。ダビデが疲れた時には、ともに立ち止まり、「疲れているんだね」と待ってくださり、主の恵みによって元気を得て歩み出す時には彼の歩調に合わせて力強く歩まれます。

「いつも」「どんな時でも」「どんな場所でも」主はともにおられるので、苦楽をともにする「友」として、かたわらにおられる主に「あなた」と呼びかけることができるのです。

主イエスは、「わたしはあなたがたを友と呼びました」（ヨハネ一五・一五）と弟子たちに語りかけられました。「いつくしみ深き友なるイエスは」の賛美を歌い続ける幸いを感謝しつつ、日々を歩みましょう。

文　月

あなたのむちとあなたの杖
それが私の慰めです。（詩篇二三・四）

実は、このみことばは、四節の前半に続いており、「主は、主ご自身のむちと杖をもって、私とともに死の陰の谷を歩んでくださる」ことを意味しているのです。

羊飼いが持っている「むち」は、羊を襲う野の獣から羊を守るための棍棒のようなものです。羊たちを食い物にしようとする獣から羊たちを守るために、羊飼いはいのちをかけるのです。主イエスは「わたしは良い牧者です。良い牧者は羊のためにいのちを捨てます」（ヨハネ一〇・一一）と言われ、そのことばのとおり、私たちのために十字架でいのちを捨ててくださったのです。

羊飼いは、「むち」とともに「杖」を持っています。それは羊たちを正しく安全な道に導くためです。「杖」は正しい道を「指し示す」とともに、迷いやすい、わがままな羊を懲らしめ、訓練するために用いられました。

親は、自分の子どもが間違った道を行こうとする時、愛をもって「あなたが行こうとしている道は間違っている。危険だから止めなさい」と「愛のむち」をもって戒めるでしょう。牧師に注意された時、それを恨んだりしてはなりません。あなたは愛されており、信頼されているのです。だから、「みことば」は何と教えているかを祈りつつ、冷静に判断するのです。そしてダビデのように「あなたのむちとあなたの杖、それが私の慰めです」と、感謝をもって告白したいものです。

葉　月

私の敵の前で、あなたは私のために食事をととのえ（詩篇二三・五、第三版）

ダビデの生涯は、若い時から死ぬ時まで、ほとんど戦いの連続でした。しかし、いかなる時にもダビデは主に信頼して、すべてを主に委ね、主から知恵と力をいただいて、「主の戦い」を戦い続けました。このような戦いの中で、ダビデが最も心を痛めたのが自分の子アブサロムによる反乱でした。アブサロムは父ダビデに愛されていないと感じ、周到な準備をして反乱を起こしたのです。

「さあ、逃げよう。そうでないとアブサロムから逃げる者はなくなるだろう。」ダビデは少数の家来とともに、エルサレを離れ、ヨルダン川を渡って逃げ、ギルアデの地にたどり着いて、そこに陣を敷きました。しかし、彼は十分な武器も食糧も持たず、いのちからがら逃げたのでした。まさに「荒野で飢えて疲れ、渇いている」状態でした。

このようなダビデのもとに、思いがけない助けが与えられました（Ⅱサムエル一七・二七～二九）。ナハシュの子ショビとアンミエルの子マキル、そしてロゲリム出身のバルジライは、荒野で野宿しなければならなかったダビデたちに「寝台」を持ってきました。また、料理をするために必要な「鉢」と「土器」、そしてパンを作るための小麦や大麦、そして栄養とエネルギーを補給する豆類と蜂蜜や乳製品、羊を持ってきました。

なぜ、この三人はダビデたちを助けに来たのでしょうか。おそらく、アブサロムの反乱とダビデの困難は、その地の人々から情報としてこの三人の耳に届いたのでしょう。実はダビデは王としてイスラエルを治めるだけではなく、この三人とも友情を築いていました。「まさかの時の友こそ真の友」ということわざにあるとおり彼らは、苦難の中にあったダビデに助けを与えたのです（Ⅱサムエル一〇・二、九・四）。ダビデはこのことは主から出たことと信じて、「私の敵の前で、あなたは私のために食事をととのえ」と歌ったのです。

長　月

頭に香油を注いでくださいます。（詩篇二三・五）

詩篇の前半の「主は私の羊飼い」から、後半は「私をもてなす主人」に変わります。主は敵の前で、ダビデのために食事を整えてくださり。頭に香油を注いでくださいました。

当時、客を歓迎することを表すために、主人は客の頭に「香油」を注ぎました。この「香油」は、オリーブから取った油に香料を混ぜて作ったものです。主は、敵に追われて疲れ果て傷ついたダビデの頭に、「癒やし」と「喜び」の香油を注いでくださったのです。

ダビデは、自分が羊飼いであった少年時代を思い出したかもしれません。預言者サムエルが、主の命令によりベツレヘムに来て、ダビデの頭に油を注いだ時のことを。その日以来、主の霊はダビデの上に激しく下ったのでした。

ダビデの時代から約千年後、神の御子が「ダビデの子孫」としてベツレヘムに生まれました。やがてこのイエスはエルサレムにおいて、「ユダヤ人の王」として十字架にかかって死に、私たちのために救いを成し遂げられました。その数日前、イエスがベタニアで食事をしていた時、一人の女が純粋なナルドの香油をイエスの頭に注ぎました。このことを非難する弟子たちの前で、イエスは「彼女は、……埋葬に備えて、わたしのからだに、前もって香油を塗ってくれました」と言い、「世界中どこでも、福音が宣べ伝えられるところでは、この人がしたことも、この人の記念として語られます」と言われたのです（マルコ一四・八～九）。

神無月

私の杯は　あふれています。（詩篇二三・五）

食卓に招かれたダビデは、杯にあふれるほどのぶどう酒を注がれました。

ダビデの子イエス・キリストは、「最後の晩餐」の席上でパンを裂き、「弟子たちに与えて言われた。『取って食べなさい。これはわたしのからだです。』また、杯を取り、感謝の祈りをささげた後、こう言って彼らにお与えになった。『みな、この杯から飲みなさい。これは多くの人のために、罪の赦しのために流される、わたしの契約の血です』」（マタイ二六・二六〜二八）。

使徒パウロは、コリントの教会への手紙に、「私たちが神をほめたたえる賛美の杯は、キリストの血にあずかることではありませんか。私たちが裂くパンは、キリストのからだにあずかることではありませんか」（Iコリント一〇・一六）と書いています。私たちは、この聖餐にあずかることによって、キリストと一体とされたことを信仰によって確認するのです。この「杯」は「賛美の杯」です。

イエス・キリストは最後の晩餐の後、ゲッセマネの園に行き、ひれ伏して、「わが父よ。できることなら、この杯をわたしから過ぎ去らせてください。しかし、わたしが望むようにではなく、あなたが望まれるままに、なさってください」と祈られました（マタイ二六・三九）。この杯は、「苦しみの杯」です。

弟子たちは、「わたしが飲もうとしている杯を飲むことができますか」という、イエス・キリストの質問に「できます」と答えたのでした。

私たちは、キリストの十字架による「罪の赦し」を受けるとともに、キリストの苦しみにもあずかる者なのです。

霜　月

まことに　私のいのちの日の限り
いつくしみと恵みが　私を追って来るでしょう。（詩篇二三・六）

ダビデは自分の生涯を思い起こしています。「私のいのちの日の限り」とは、「私の生涯のすべての日において」ということです。羊飼いとしての少年時代、ゴリヤテに対する勝利、サウル王の部下となって多くの戦いに勝利した日々。サウル王に疑いをかけられ、殺されそうになった時。サウルの息子ヨナタンとの友情による真実な交わりの日々。ペリシテ人の地に逃れ、さらにサウルとヨナタンの死後、ダビデが王となった時代。罪を犯して神から離れていた時、悔い改めて主によって赦された時。また自分の子アブサロムの反乱。

このような日々を思い起こし、ダビデは「神のいつくしみと恵み」をそこに見るのです。「神のいつくしみ」とは、神は「良いお方」で、さまざまな試練も神の愛から出ていること、そしてさまざまな失敗や罪にもかかわらず、ダビデをいつくしんでくださることを意味しています。そして「恵み」とは、神がダビデに約束されたことを神ご自身の真実をもって守り、実現してくださることです。

このように、思い起こす時、ダビデは自分の人生の最後の日まで、どんなに逃げても、隠れても、「神のいつくしみと恵み」がダビデを探し出し、追いかけて来ることを信じることができたのです。

私たちも、人生を振り返る時、自分の失敗や罪にもかかわらず、主は赦し、みことばの約束を守ってくださったことを見出し、さらに生涯の最後まで「いつくしみと恵みが私を追って来るでしょう」と信じることができるのです。

師走

私はいつまでも　主の家に住まいます。（詩篇二三篇六節）

この詩篇を書いたダビデの人生は、波乱に富んでいました。彼は、少年期を別にして、ほとんど自分の平安な「居場所」がありませんでした。イスラエルの王になった時でも、絶えず敵との戦いがあり、また王に反乱を起こす者たちに悩まされていました。複数の美しい女性を妻として迎えても、家庭内の問題に悩まされました。ダビデにとっては、主との交わり、主の中に留まる時だけが、平安な時でした。

やがてダビデは年を重ねていき、ついにどんなに衣を重ねても温まらなくなってきました。人々はイスラエルの国中から美しい娘を探し求め、アビシャグという娘を選び、ダビデ王に仕えさせました。しかし、そこにも真の慰めはなかったのです。

ついにダビデ王は、ソロモンを王として指名し、遺言を彼に伝えた後、死んで、ダビデの町に葬られました。

彼はこの詩篇の最後に「私はいつまでも主の家に住まいます」と書きましたが、これは彼の「心の願い」であり、信仰による確信でした。ダビデは王宮に安らぎを見出しませんでしたが、「神の子」として主なる神の家に「いつまでも」住むことを信じて生涯を終えたのでした。

高嶺会だより 二〇二三――「主と私」――詩篇一三九篇の黙想

睦　月

主よ　あなたは私を探り　知っておられます。（詩篇一三九・一）

自分で自分を探り、自分自身を知ることは大変困難です。それは、鏡を見ないで、自分の顔を想像するようなものです。それでは、他人の評価という鏡を見れば、自分自身が分かるのかというとそうでもありません。その鏡は歪んでいたり、曇っていたりするので、真実の自分には出会えないのです。

ダビデはこの詩篇を通して、主という存在に目をとめて、自分を造ってくださり、自分を透き通った目で見てくださる「主」、そしてその目に自分を映してくださる主を見つめることによって、真実の自分を知ることを求めたのです。
主の目は透明で、主の目に映った自分自身の顔を見ることができます。
スイスのラサにある「カーサ・フォンテ」（泉の家）の庭に、深く掘られた「泉」がありま
す。その泉の深い底に水がありました。私がその泉を覗《のぞ》くと、水の面に私の顔が映ることがあ
りました。でも、いつも映るわけではありません。泉を覆っている屋根があって、ふだんは暗
くて泉の底が見えないことが多いのです。でも、光線がある角度で私の顔を照らす時、泉に私
の顔が映るのです。
私の心の泉も、神の眼差しによって私の顔が照らされる時、私の顔を映し出すのです。
「わがたましいよ　なぜ　おまえはうなだれているのか。私のうちで思い乱れているのか。神
を待ち望め。私はなおも神をほめたたえる。御顔の救いを。」（詩篇四二・五）

如　月

あなたは　私の座るのも立つのも知っておられ
遠くから私の思いを読み取られます。（詩篇一三九・二）

ダビデは二節以降で、主が「私」のどのような面を知っておられるかを言い表しています。「座る」「立つ」というのは、自分が目覚めている時の、生活の全体を表現しています。「どのような座り方をするか」によって、その人の生活の姿勢が分かります。足を組み、両手を組んで斜めから人を見ている姿勢は、その人が自己防衛していることが分かります。昔の日本人は、畳の上に座布団をしいて、「正座して」背中は真っすぐになっていました。自分の前にいる人に対してしっかりと向き合っているのです。

また、どこに、どのように立っているかは、その次にどのような行動に移るかということと関係していて、とても大切です。背中を丸め、俯《うつむ》いて立っている人は、自分がこれから行く先を見ていないのです。

主は、私たちの座る姿、立ち姿をすべて見通しておられ、その姿に現れた私たちの「内なる姿勢・内なる思い」を「遠くから」読み取られます。私の友人の一人は「霊性のセミナー」の最初に、「座り直し」を導いてくれます。そして、静かに呼吸を整えて心が深く静まった時に、「主のみことば」を読みます。すると「みことば」が心の深い所に届くのです。

私たちは、どのように「座って」礼拝をしているでしょうか。主の前に自分の身を置いているでしょうか。もう一度、主の前に「姿勢」を整えるために「座り直し」が必要なのかもしれません。

弥　生

あなたは私が歩くのも伏すのも見守り
私の道のすべてを知り抜いておられます。（詩篇一三九・三）

私たちが日々身体的にも精神的・霊的にも「健康に」過ごす秘訣は、「運動」「食事」「睡眠」「人との交わり」「神との交わり」が大切だと感じています。

ダビデは、王様になる前は、羊飼いであり、戦士でした。彼は、王になってからも常に「運動」し、からだを鍛えていたと思います。からだが弱ってくると、心も霊も衰えがちになります。からだのためにも、心のためにも、毎日「散歩」をすることが大事です。散歩は、さまざまな景色を見たり、かわいいお花を眺めたり、小鳥の声を聞ける機会になるでしょう。私の友人は散歩しながら神との交わりを持っているようです。

「歩く」ことは私たちの日々の生活の基本です。高齢の方々には、両手にストックを持って歩く「ノルディック・ウォーク」をお勧めします。転ばないため、歩幅を大きくするためです。私は、毎日ラジオ体操（今はテレビ体操）をやり、その後、自分で工夫した順序で約三十分トレーニングをします。そして聖書を読み、それを黙想し、祈ります。

さて「伏す」こと、つまり「睡眠」も運動とともに大切です。睡眠の時間は、七～八時間取れるといいと思います。年齢を重ねるとともに、だんだん睡眠が浅くなります。それは、「体力」がなくなるからなのです。眠るのにも体力が必要なのです。深い睡眠を取るためには、思い煩いは禁物です。ダビデは「私は身を横たえて眠り　また目を覚ます。主が私を支えてくださるから」（詩篇三・五）と歌っています。私たちが寝ている間、支えてくださる主を信じて眠りましょう。

卯　月

ことばが私の舌にのぼる前に　なんと主よ
あなたはそのすべてを知っておられます。（詩篇一三九・四）

ダビデは「王」の立場にありましたから、国を治めるために多くの命令を出し、多くのことばで演説をしたでしょう。多くの男性にとって、経験と知性をもってこの種のことばを語ることは、それほど難しいことではありません。

あるセミナーに参加した時、講師が参加者に「自分の心のことばを書いてください」と宿題を出しました。夕食の席で、私の隣に座った男性が「知性のことばと、心のことばの違いが分からない」と嘆いていました。私たちの前に座っていた二人の女性がそれを聞いて、「違いが分からないなんて信じられない」と驚いていました。その女性たちは「心のことば」を語ることができたのでしょう。

ダビデは竪琴の名手であり、詩人でもありました。彼は「主への感謝と賛美」「自分の罪の苦しみと嘆き」「主への心からの願い」「敵に対する憎しみと怒り」など、さまざまな心の思いを詩篇に表しています。時には、自分の心にある深い思いをことばにすることに困難を覚えたかもしれません。でも主は、心の思いがことばになる前に、ダビデの心にあるすべての思いを知っておられると告白しているのです。その主がダビデの思いをことばにするために、ご自分の「御霊」によってダビデを助けているのです。

「私たちは、何をどう祈ったらよいか分からないのですが、御霊ご自身が、ことばにならな

いうめきをもって、とりなしてくださるのです。」（ローマ八・二六）

皐　月

あなたは前からうしろから私を取り囲み
御手を私の上に置かれました。（詩篇一三九・五）

ダビデは五節からは、「神は、どこにでもおられる偏在の神」であることを語り始めます。ダビデは、創造者である神は全能の神、全知の神、遍在の神であることを知っていました。彼は、この神の前に小さい者、罪深い者であることを自覚する時、神の前から逃げて隠れたいと思ったのです。

でも、ダビデは神から逃げることはできませんでした。前に逃げても後ろに退いても、神はそこにおられ、彼は神に「取り囲まれて」いたのです。神は上からもご自身の御手を置かれてダビデが逃げないようにされたのです。

でも、ダビデが自分の罪を認めた時に、「遍在の神」を「裁きの神」としてではなく、「愛と赦しの神」として知ることができたのです。逃げても、隠れても追いかけ、探し出してくださる神、そして罪を悔い改めさせてくださり、赦してくださる神を知ったのです。「御手を置く」とは「仲裁者」の役割を果たすことです（ヨブ記九・三三）。使徒パウロは、人となられたキリスト・イエスが「神と人との間の仲介者」として、「すべての人の贖いの代価として、ご自身を与えてくださいました」と記しているのです（Ⅰテモテ二・五〜六）。私たちも、「遍在の神」の「愛」によって取り囲まれていることを感謝したいと思います。

水無月

そのような知識は私にとって
あまりにも不思議
あまりにも高くて　及びもつきません。（詩篇一三九・六）

ダビデは、主がダビデの心の奥底にある思いを探り、彼のすべての行動を知り尽くし、ダビデ自身さえも「言語化」できない思いをも知っておられることを告白した後に、このような

「神の知識」の不思議さに感動し、恐れをもって告白します。

士師記のサムソンの父マノアに主の使いが現れて、不妊の女であった彼の妻が男の子を産むと預言した時、彼は主の使いに「お名前は何とおっしゃいますか」と聞くと、「なぜ、あなたはそれを聞くのか。わたしの名は不思議という」と答えがありました。この「不思議」ということばは、イザヤ書のキリスト預言にも使われています。「ひとりの男の子が私たちに与えられる。主権はその肩にあり、その名は『不思議な助言者、力ある神、永遠の父、平和の君』と呼ばれる」（九・六）。この聖書の箇所は、ヘンデルの「メサイヤ」にも引用されています。「不思議な助言者」は英語で「wonderful counselor」（ワンダフル・カウンセラー）と訳されています。wonderful は「素晴らしい」だけではなく、「不思議な」「驚くべき」とも訳されるのです。

私たちの人生には、さまざまな苦しみや悩みがあります。一人で悩んでいても、解決はありません。私たちには、神のみこころを知り、私たちの心を知っておられるイエス・キリストという「不思議な助言者」がいます。私たちは、このキリストにすべてを打ち明けて、相談し、私たちの状況にお迎えして助けていただくことができるのです。

人間の知識によって、「神の知識」を知り尽くすことは到底できません。神の愛と神の全能・

全知を「信じる」以外には道がないのです。使徒パウロとともに、「ああ、神の知恵と知識の富は、なんと深いことでしょう」（ローマ一一・三三）と慨嘆し、神にすべてを委ねて礼拝することがすべてです。

文　月

私はどこへ行けるでしょう。
あなたの御霊から離れて。
どこへ逃れられるでしょう。
あなたの御前を離れて。（詩篇一三九・七）

ダビデは、どうして神から離れようとするのでしょうか。神が全知全能であり、どんな所にもおられる「偏在の神」であることを知りながら、どうして神から逃げようとするのでしょうか。それは、ダビデが自分の「罪」を自覚しているからなのです。

最初の人アダムとエバは蛇（悪魔）に誘惑されて、エデンの園の中央にあった「善悪の知識の木」の実を食べた時、目が開かれて、自分たちが裸であることを知り、いちじくの葉をつづり合わせて、自分たちのために腰の覆いを作ったのです。そして、神が園を歩き回られる音(声)を聞いた時、二人は神の御顔を避けて、園の木の間に身を隠したのです。アダムとエバ以来、すべての人は罪人となりました。ダビデだけではなく私たちも、神の御霊から離れ、神の御前から逃げようとするのです。それは、自分たちの罪を自覚しているので、神ご自身の前に立つことを恐れているからなのです。

しかし、神から離れようとする私たちに対して、神は「失われた一匹の羊」を探し求める羊の所有者のように探し求め、また放蕩息子が父のもとへ向かった時に、父のほうから駆け寄って息子を抱きしめてくれたように、罪人を迎えてくださるのです。

私たちは、神から離れ、逃げ回るのではなく、私たちの罪のために十字架にかかって死に、三日目に復活してくださった「イエス・キリストの内に」逃げ込みましょう。その時に初めて私たちは「真の平安」を得ることができるのです。「神は われらの避け所 また力。苦しむとき そこにある強き助け」(詩篇四六・一)。これは、マルティン・ルターの作詞作曲による有名な賛美歌「神はわがやぐら」の元になった詩篇なのです。

葉月

たとえ　私が天に上っても
そこにあなたはおられ（詩篇一三九・八）

ダビデは、神が遍在の神であり、自分がどこに行っても神から逃れることはできないと知っていました。それでも彼は、なおも自分の思いの中で「天に上れば、あるいは地の下のよみに下り、そこでじっと床に寝ていれば、神の目から逃れられるかも……」と想像したのです。また「暁の翼を駆って」東の果てに飛んで行き、「海の果てに」（地中海のほう、つまり西）飛んで行けば、そこまで神は追って来ないだろうと必死に考えるのですが、「そこでも あなたの御手が私を導き　あなたの右の手が私を捕らえます」と告白せざるをえなかったのです。彼は自分の罪を認めて、「神のみもとに」立ち返る以外に真の解決はないと悟るべきだったのです。

ダビデより数百年も前に、神はモーセに「あなたがたは、わたしがエジプトにしたこと、また、あなたがたを鷲の翼に乗せて、わたしのもとに連れて来たことを見た。今、もしあなたがたが確かに……わたしの契約を守るなら、あなたがたはあらゆる民族の中にあって、わたしの宝となる」（出エジプト記一九・四〜五）と言われたことを知っていたはずです。ダビデはイスラエルの王として、神が不信仰な自分を見捨てず導き続けられた「神の民の歴史」を忘れたのでしょうか？

一九八五年に西ドイツの大統領であったワイツゼッカーは「荒れ野の40年」という題で演説し、「過去に目を閉ざす者は結局のところ現在にも盲目となる」と語り、ドイツの戦争の歴史を直視することの大切さを語りました。

私たちの国も、二度と同じ戦争を繰り返さないために、神の民イスラエルを導かれた神の恵みの導きを、そして神が私たちの国を憐れんでくださった歴史を忘れずに歩みたいものだと思います。

長　月

暗闇も光も同じことです。（詩篇一三九・一二）

ダビデは、自分がどこに行っても、神から逃れられないと悟り、最後の手段として「おお闇よ 私をおおえ。私の周りの光よ 夜となれ」（一一節）と言います。

「神は仰せられた。『光、あれ。』すると光があった。」（創世記一・三）

ダビデは、この創世記のことばを知っていたはずです。神は光と闇、昼と夜を創造された方です。創世記一章の全体を見るならば、神が人のために「昼と夜を分け……定められた時々のため、日と年のためのしるしとなれ」（一四節）と意図されて、太陽と月を創造されたのです。

しかし、人は「光と闇」を自分で支配しようとし、光を自分の栄光のため、闇を自分の罪を隠すために用いようとしたのです。ダビデは、罪深い自分を闇がおおうようにと命じます。光さえも暗黒の夜となれと命じます。神から自分を隠すためです。しかし、このような試みは、ことごとく失敗します。そして神に対して「あなたにとっては　闇も暗くなく　夜は昼のように明るいのです。暗闇も光も同じことです」（詩篇一三九・一二）と告白し、神は光の中だけでなく、暗闇の中でもすべてを見通される方であることを認めるのです。ダビデは自分の罪を告白し、神によって赦された時に、もう神から逃亡し、神から隠れる必要がないことを悟ったのです。

使徒ヨハネは「もし私たちが、神が光の中におられるように、光の中を歩んでいるなら、互いに交わりを持ち、御子イエスの血がすべての罪から私たちをきよめてくださいます」（Ⅰヨハネ一・七）と記しています。「光の中を歩む」とは、神のように完全な存在になることではなく、光に照らされて「自分の罪を告白する」ことなのです。その時、「光である神」と「闇である私たち」が「互いに交わりを持つ」という驚くべきことが起こり、「わたしは世の光です」と言われた「御子イエスの血」によって私たちはきよめられるのです。

神無月

あなたの目は胎児の私を見られ
あなたの書物にすべてが記されました。（詩篇一三九・一六）

ダビデは、自分のすべてを知り、自分の罪を赦してくださる神を告白した後に、自分の人生を遡って「母の胎内にいた自分」を思い起こします。ダビデが自分自身を自覚する前に、神の目は「胎児の私」を見られ、神の書物（神の記憶）の中に刻まれていたことを信じ、告白するのです。

また、ダビデは神が「fearfully, wonderfully made」（英語改訳）つまり「恐るべく、すばらしい存在として」自分を造られたことを神に感謝しているのです。自分が「すばらしい神の作品」として造られたことを自分のたましいは知っていると言います。

詩篇二二篇一〇節では「生まれる前から　私はあなたにゆだねられました。母の胎内にいた時から　あなたは私の神です」と、自分は神によって選ばれた者であり、神への信仰も神からの賜物であると歌っているのです。

私たちは、自分が神の作品であり、罪を赦されて神の子とされた存在であることを知って、神と人に仕えるために、与えられた日々を大切に過ごしたいと思うのです。

霜　月——私に対する神のみ思い

神よ、あなたのもろもろのみ思いは、
なんとわたしに尊いことでしょう。（詩篇一三九・一七、口語訳）

詩篇の作者ダビデが言いたかったことは、「神のみ思いを知るのは難しい」ということではなく、むしろ、「神のみ思いは、私にとって、なんと尊いことか」ということだったのです。

私たちは、ともすると「神のみこころ」ということを簡単に決めつけてしまいがちです。

「これは神のみこころである」とか、「それはみこころではない」と、黒か白かに単純化してしまうのです。もちろん、聖書に明確に書かれていることは真実であり、神のみこころだと言えるでしょう。でも私たちの心の問題とか、現実の人間関係や、具体的な判断については、そんなに簡単ではありません。多くの場合には、私たちの性格や人生観、経験などが、「みこころ」の判断に影響を与えるのです。

ダビデが「あなたのもろもろのみ思い」と言っているように神のみこころは、多くの場合には、すぐ分かるというような単純なものではなく、「神のみこころは深く、時には複雑で私たちの頭で理解できない」ものなのです。人間の論理で片づけることができないのです。でも、確かなことは「神のみ思い」は、私への愛に根差していて、私にとって尊いものだということです。私たちが「神のみこころ」を全部理解できなくても、「神の愛」を信じることができるならば、私たちは平安の中に生きていくことができるのです。

師走

私をとこしえの道に導いてください。（詩篇一三九・二四）

ダビデは、一九〜二二節で突然、神に敵対する悪者に対する激しい憎しみを告白します。しかし、これは見方を変えれば「神に対する燃える愛の告白」でもあるのです。

ダビデは、この詩篇の最後に、神に対する「祈り」をささげます。「神よ。私を探り、私の心を知ってください。」彼は詩篇の冒頭で「主よ。あなたは私を探り、知っておられます。」と告白しました。でもダビデはそれで満足せず、さらに深い神との交わりを求めて、神に心を開き「私の心を知ってください」と祈るのです。そしてさらに「私を調べ、私の思い煩いを知ってください」と祈るのです。彼は「自分は自分自身を知り尽くせない複雑な存在なのだ」と素直に認めているのです。

最後に彼は祈りをささげます。「私のうちに 傷のついた道があるかないかを見て　私をとこしえの道に導いてください。」

ダビデは、自分の内側に神を信じる心と、神に信頼し切れない不信仰な心が混在していて、「分裂して傷ついた」心と行動があることを感じて、「私の心を見てください。そして私を神との交わりの道、とこしえの道に導いてください」と祈ったのです。

私も、「全知全能の神」を頭で理解するのではなく、自分の心を神に対して開き、神との交わりを求めて祈る者でありたいと願うのです。

高嶺会だより 二〇二三――「主をほめたたえよ」――詩篇一〇三篇の黙想

睦　月

わがたましいよ　主をほめたたえよ。
私のうちにあるすべてのものよ
聖なる聖名をほめたたえよ。（詩篇一〇三・一）

詩篇一〇三篇は「わがたましいよ」と、自分で「自分のたましいに」呼びかけ「主をほめたたえよ」と励ましていることから、始まっています。

私たちは、声を出して歌うことができます。特に神を信じる者たちは、「主をほめたたえる賛美」を歌うことが許されています。しかし、自分自身の生活を顧みる時、自分の内側であれこれと考えこんだり、自分や他の人を責めたり、つぶやいたりすることが多いのではないかと思います。神を賛美する気持ちが湧いてこないことが度々あります。しかし、そのような時にこそ、この詩篇一〇三篇を「声に出して」朗読してみるとよいと思います。そして、詩篇四二篇五節を思い起こし、「わがたましいよ　なぜ　おまえはうなだれているのか。私のうちで思い乱れているのか。神を待ち望め。私はなおも神をほめたたえる。御顔の救いを」と自分のたましいに呼びかけることによって、自分のたましいを励ますことができるのです。

私が神学校で学んでいた時、一年先輩の人が霊的に落ち込んで、寝込んでしまい、授業にも出なくなっていたことがあります。私は心配してその先輩のところを訪ねた。その時、その人は「自分は今、聖書を読んだり、祈ったりする気持ちにもなれない。でも讃美歌を自分で歌っているんだ」と打ち明けてくださいました。

詩篇は讃美歌です。詩篇でなくても、自分の好きな讃美歌を覚えていて声を出して静かに歌うのです。その時、讃美歌が私たちの心を内側から変えてくれることを経験します。状況が変わらなくても、その気にならなくてもよいのです。賛美は私たちのたましいを励ます「神さまからのプレゼント」なのです。その先輩はしばらくして立ち上がり、卒業後は牧師として人々を励まし、後輩の牧師たちにとって「慰めの存在」となっているということを聞きました。

如月

主が良くしてくださったことを何一つ忘れるな。（詩篇一〇三・二）

詩篇一〇三篇は「わがたましいよ 主をほめたたえよ」で始まり「主をほめたたえよ」で終わります。続く一〇四篇も同じです。ある注解者はこの二つの詩篇は、夜空に輝く多くの星のなかにひときわ輝きを放つ「双子の星」であると告白しています。

「主をほめたたえよ」という勧めにもかかわらず、あまりにも「主をほめたたえる」ことが少ない自分に気付かされます。なぜか？ それは、主の愛の御業を「忘れる」という「忘恩」の罪に陥っているからなのです。ダビデも自分が羊飼いの少年であった時から、主の選びと恵みによって、今イスラエルの王とされていることを忘れ、主をほめたたえるために彼に与えられた竪琴を奏でることを怠っていました。そして罪を犯しました。しかし、主によって赦されました。

そのような中で、彼は「初心に立ち返り」、自分の人生を「振り返り」、「主が良くしてくださったことを忘れるな」と自分の「たましい」に語りかけているのです。

太田和功一さんが『しばし立ち止まり、ふり返る――人生の旅路と霊性』（あめんどう）という本を書かれました。彼とともに人生をふり返る時を持ったことを思い出します。私たちは自分一人で立ち止まることは困難です。自分のうちに働く「衝動」が自分を突き動かすから。友とともに時間を取って、心を開きみことばを黙想し、自分の人生において「主が良くしてくださったことをふり返る」時、私たちの心は「主をほめたたえ」始めます。そして主の恵みに満たされるのです。

弥　生

ダビデは「主が良くしてくださったこと」を思い起こして、自分で自分のたましいに語りかけています（詩篇一〇三・二〜五）。

「主は　あなたのすべての咎を赦し」――ダビデは自分が犯した悪い行いを神の前に悔い改め、主は「すべての咎」を赦してくださいました。

「あなたのすべての病を癒やし」――「病」とは、からだの病だけではなく、罪によって傷ついた「たましいの病」でもあります。その病も癒やされたのです。

「あなたのいのちを穴から贖われる」――「穴」とは死であり、滅びです。罪を犯し、滅びに向かっている者を主は、御子イエス・キリストの血をもって、「滅びの穴から」贖い出し、その復活によって、私たちも「からだのよみがえり」の祝福にあずかることができるのです。

「主は　あなたに恵みとあわれみの冠をかぶらせ」――主の「恵みとあわれみの冠」をかぶらされた私たちは、自分の全身、全霊が「主の真実と愛」によって覆われ、主の赦しと祝福に与るのです。それは十字架の上で「いばらの冠」をかぶらせられたイエス・キリストの死によって示された「神の愛」によるのです。

「あなたの一生を　良いもので満ち足らせる」――主は「良いお方」で、生涯にわたって私たちを「良いもの」で満たしてくださいます。試練や苦しみさえも、恵みによって良きに変えられるのです。

「あなたの若さは　鷲のように新しくなる」――私たちのからだも魂も、主によって鷲のように日々新たにされ、主に従って生きることができるようにしてくださるのです。

「あとがき」にかえて

「スピリチュアル・ジャーニー」を書きながら、自分の人生を振り返って見ると、自分の二つの姿が見えてくる。

一つは、自分の目標を設定し、その「目標に向かって」必死に走り続ける姿。その目標達成のためには、ライバルと競争し、負けないためにはすべてを犠牲にする。でも、その目標を達成した時に感じたのは空しさだった。

もう一つの姿は、心を開いて「友と交わる」姿。楽しかった中学生の時の友人たちとの交わりは、七十年後の今も続いている。少なくとも年に一度は会って話をする。大学の男性合唱部（コール・アカデミー）の友人たちと会う時は、今でもともに歌っている。

クリスチャンになり、牧師になってからも、何人かの牧師や伝道者と友達になった。ＣＬＳ

Kクリスチャン・ライフ成長研究会などでともに奉仕をした友人たちも、かけがえのない存在である。牧師夫妻や信徒の霊的な成長のために、長年にわたって協力してこられたことは大きな恵みである。

また、私より少し若い牧師たちで、互いに信頼して何でも話し合える友人たちもいる。それぞれの賜物も性格も違っているが、長く付き合っている大切な存在である。

五月に急病で召天された堀肇さん（鶴瀬恵みキリスト教会牧師）とは、彼のほうから声を掛けてくれて、友としての交わりを持った。「魂の配慮」についてよく話し合った。また、ここ数年間では牧会ステーションでともに奉仕をする機会があった。時に仲間の夫婦同士でお交わりすることもあった。

ある時、私が夏から秋にかけて八週間、自分と関係のある人々が毎週亡くなるという経験を通されて、自分でも精神状態が普通ではないと感じ、発言することばも過激になっていることを感じていた。そのような中である会議の時に、隣に座った堀さんにその悩みを短く話した。その時、彼は「そのような経験をしたら、誰でもそうなりますよ」と、ひとこと言われた。その時、私は自分を受け入れることができた。

堀さんとは今年の五月の初旬にお会いして話をする機会があったが、それから間もなく召天された。大きな衝撃であった。

八月には、「牧会塾」をコーディネートした森直樹さん（ＣＬＳＫクリスチャン・ライフ成長研究会主事）が召天された。傷つき疲弊する牧会者が少なくないことに心を痛め、自らの牧会を切り上げ、牧師夫妻を支えることを目指して牧会塾を立ち上げた。牧会塾は、肩書や立場を外して誰もがフラットな立場で参加できる。ひとりの人として悩みも喜びも分かち合える場を作ってくださり、多くの牧会者たちが牧会塾で支えられた。その場に私も関わらせていただき、「牧会」の思いをともにした良き同志だった。

私の人生の旅の中で出会うことができた友人たちとの交わりを通して、私は「魂の配慮」を受け、少しずつ人間性を回復できたのかと主に感謝している。

二〇二三年八月二十一日

坂野慧吉

魂の配慮に出会う旅
スピリチュアル・ジャーニー その後

2023年 10 月 20日　発行

著　者　坂野慧吉
印刷製本　日本ハイコム株式会社
発　行　いのちのことば社
〒164-0001 東京都中野区中野2-1-5
電話 03-5341-6923（編集）
03-5341-6920（営業）
FAX03-5341-6921
e-mail:support@wlpm.or.jp
http://www.wlpm.or.jp/

ISBN 978-4-264-04462-8